无始无终

转山——阿尼玛卿

何贝莉 著

西藏藏文古籍出版社

阿尼玛卿护法像

玛卿雪山颂

嗦——嗦——

皑皑巍峨的山巅，构成琉璃晶莹的宫殿。

山间碧水回环，山麓百花斗艳。

三百六十座峰峦拥抱圣山，目睹奇景谁不赞叹！

远观簇拥的壁峰，冰雕玉砌映蓝天；

层峦耸翠银辉射，玉阙凌空不可攀。

宫深墙高檐牙翘，珠串宝缀成宝山。

条条锦缎绣成幡，淡妆浓抹尽奇观，

欲与天宫比富丽，人间妙境出尘凡。

恍如勇士怒出征，神兵天将威凛凛，

披甲荷枪军旅振，威慑魔王战兢兢。

堂皇宫阙无其数，战神之王凌众神。

缔造福地庇黎民，匡助内有拉热神；

勇男淑女各九位，降临山间佐玛卿。

赞谦东春、盛谦日德，智谦东俄、拉谦唐拉，

四位四方保护神，留恋圣山亦光临。

纵观三百六十峰，挥剑舞戈兴甲兵；

仙女连袂飘然落，水凌放光照华容。

众生额首呼咯嗦，膜拜圣山显通灵。

嗦——嗦——

遥望宫殿祭神灵，宝座金镶列众神。

满案贡品皆名贵，珍馐粢盛琼浆液；

敬烧药香烟缭绕，众神欢欣乐无极。

奏鼓鸣锣声嘹亮，佳供荐神神来尝。

牺牲丰盛积如山，浓酒圣水两生光。

盔甲剑戟与斧钺，豹革虎皮做箭囊。

牛羊骏马与野牛，众神赐予美无疆。

锦缎斗篷玉璎珞，玉壶宝镜七种香。

四洲名山和日月，为享众神皆生光。

祭氛充满天与地，报答山神育生灵，

既求现世多庇佑，又结善缘于来生。

神之大德诚无量，活佛高僧皆景仰，

曾经信誓与发愿，至大之德尽弘扬。

众佛化身莲花师，郎东阿木显法力。

使神役鬼除魔难，净化寰宇成福地。

吐蕃幅员皆雪域，芸芸众生承福祉；

时疫疾病一扫除，天灾人祸皆消弭；

一切心愿皆圆满，赞颂阿尼玛吉力！

嗦——嗦——

相貌庄严白玉身，右手握着如意宝，

左手执着晶莹珠，持诵恩赐雨露神。

头戴镶金嵌玉冠，身着飘飘锦缎衫，

足登宝座多威武，战神之王永颂赞!

靓妆冶容显倩影，右掌长生神玉壶，

左执照世神宝镜，歌颂神母拉热神。

神男神女十八位，护神家眷紧相跟，

三百六十护法神，歌颂天使众神灵，

高呼咯嗦达神听。

嗦——嗦——

神威坐骑金鞍备，玉鞦金辔银钗子，

琥珀饰面千里马，周游三界供驰驱。

身披金甲头戴盔，持枪又握金套绳，

腰挎箕箙霹雳箭，身背豹纹长顺弓。

敬祭赳赳玛卿神，人神感应随时通。

坐骑翩翩金雌鹿，桂冠辫穗迎风舞，

手捧镜与长生壶，敬祭神母泽长沐。

手握刀枪剑戟，身跨骏马奔驰，

敬祭大神九位公子，保佑人间吉祥如意。

身骑仙鹤下凡宇，手拿寿字宝镜旗，

敬祭九位千金女，多随人愿降吉利。
赞谦冬春骑大雁，手握霹雳弓和箭；
玉谦日德骑斑虎，手举虎皮胜利幡；
智谦东俄骑野牛，手握钢刀明光闪；
拉谦唐拉骑青龙，旌旗飘飘枪耀眼；
敬祭四方保护神，实施人间之心愿。
右持利箭左持枪，身骑骏马穿戎装，
头顶旋鹞后牵虎，珍禽异兽跟成行。
神祇三百六十位，神后对等配成双，
家眷使者众神灵，敬祭众神把福降。
玛卿为首众神灵，永驻圣山莫远行。
人间呼唤慧耳听，凡夫招请显神聪。
遇战战神莫惜力，人神相应影随形。
昼夜监护多保佑，扬善匡恶及时行。
百件善事抵千恶，在家出外两照应。
众生物阜财源茂，民族富强部落兴。
昭告神佛管后世，四大功德都履行。
吉祥之光千秋照，高呼咯嗦达神听。

流传地区：果洛州玛沁地区
提 供 者：角吉，男，藏族，56岁
整 理 者：旦继杰
翻 译 者：马继仁、华贡杰
采录时间：1988年10月15日
转 引 自：《中国民间文学集成·青海省果洛藏族自治州》（编号：270600）
果洛藏族自治州民间文学集成办公室编 1991年1月

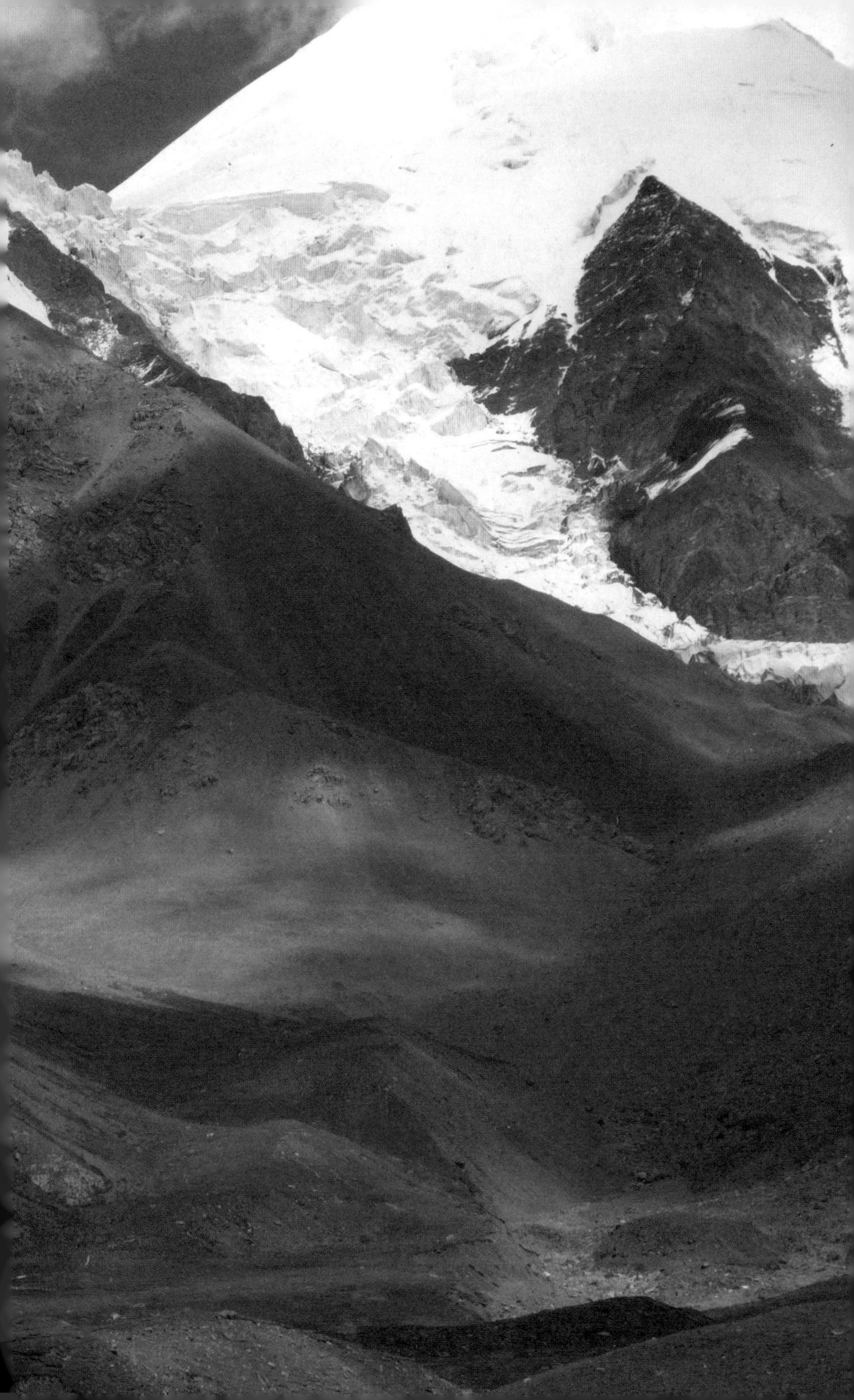

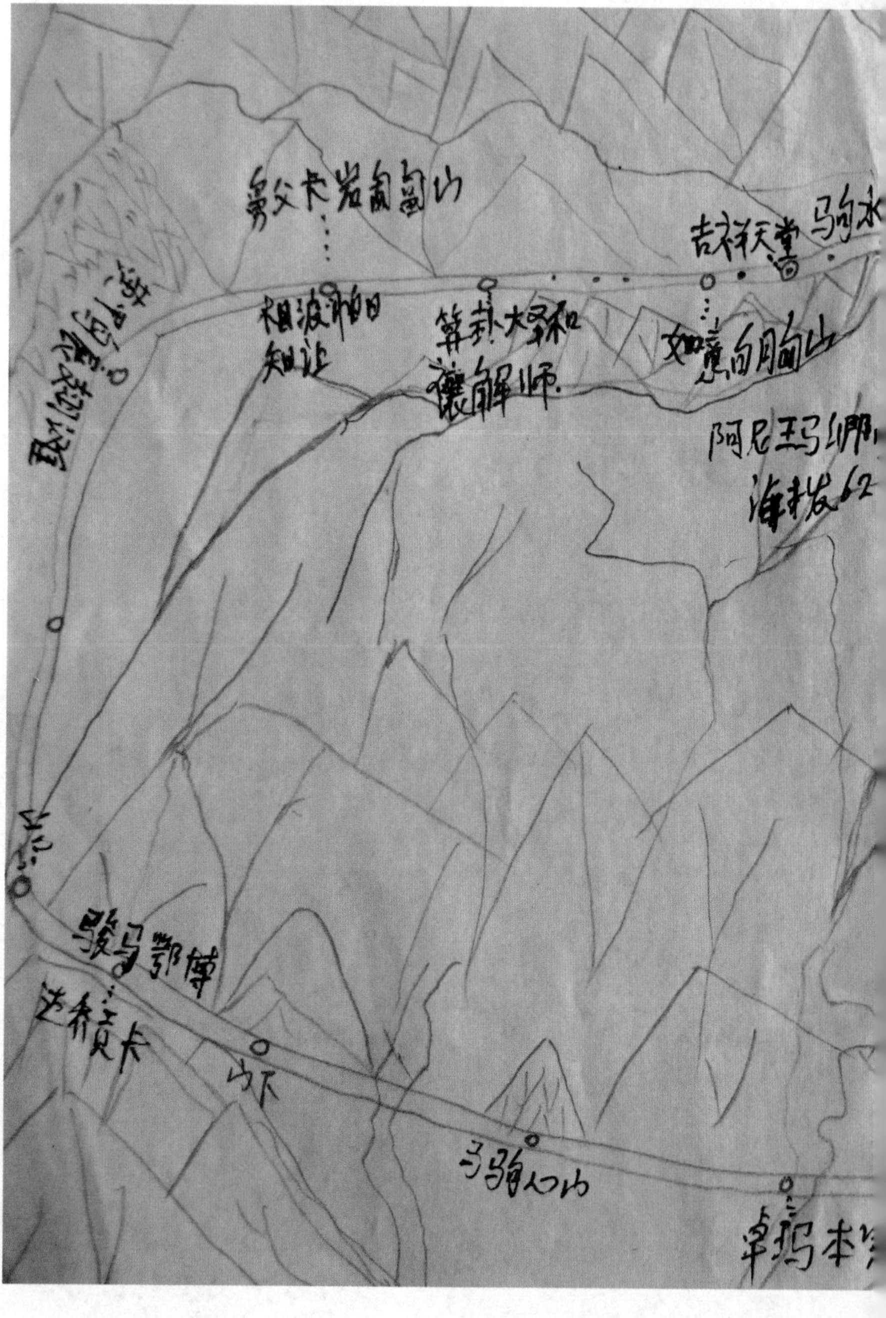
骏马鄂博
达乔贡卡
山下

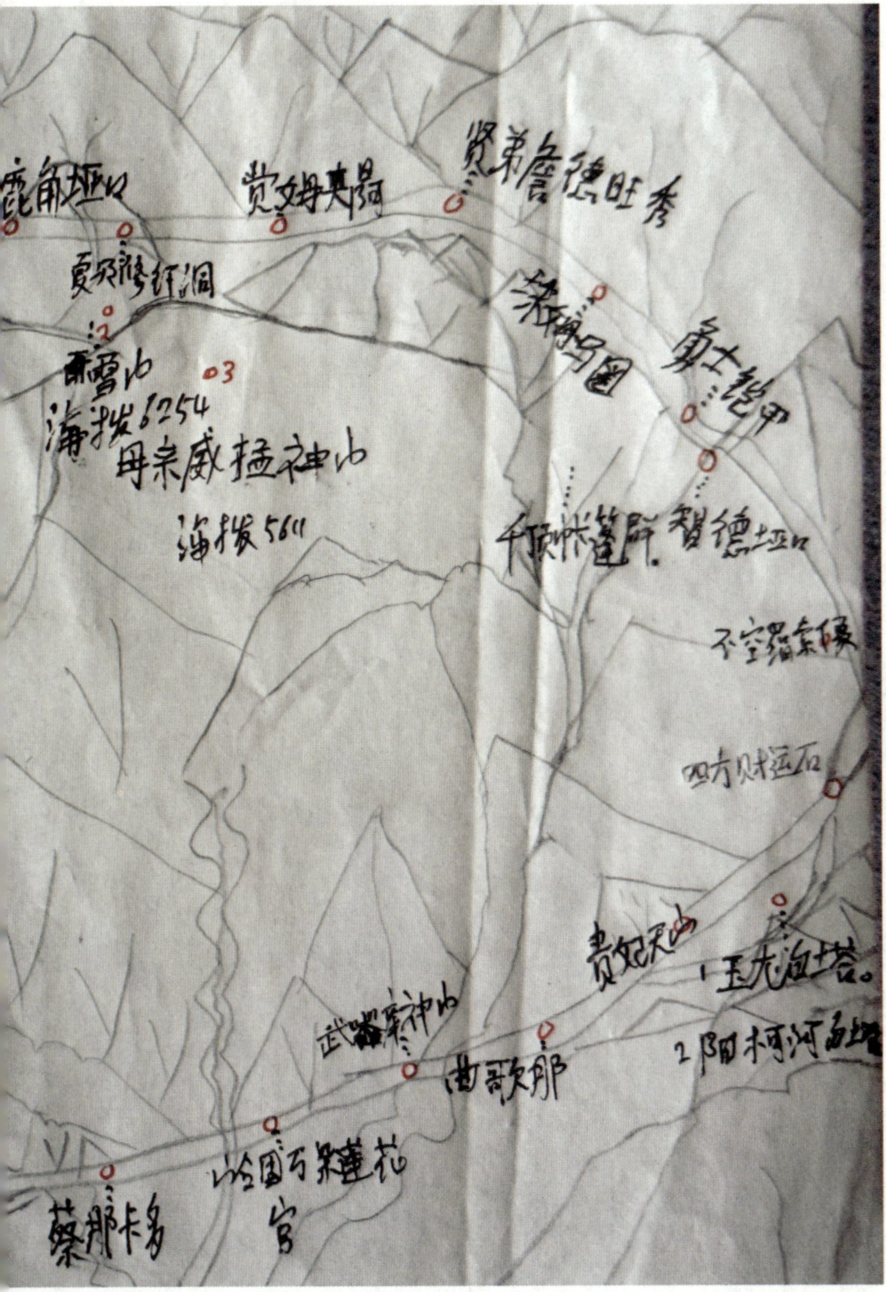

才旺仁增师父手绘的阿尼玛卿转山图

序一

转山，对圆满的实践

早在远古时期，许多不同民族或种族的人们为了表达对某种特定的神灵、物体，甚至人物的敬仰、喜爱和愉悦之情，往往会围绕着这一特定的对象转圈。渐渐地，这种围绕特定对象进行转圈以示崇敬与喜悦的行为，逐步演进为一类特殊的文化形态。这类文化形态，分布极广，在远古的欧洲、中亚、非洲，乃至美洲大陆上，都曾出现过。同样的，在远古的青藏高原上，雪域先民也用转圈来表达自己对某一特定对象的敬仰和喜爱，甚至是载歌载舞地转着圈儿——如是情境，可从远古遗存的岩画或陶器的图案中，见得分明。

在藏族文化中，最早用转圈的形式表达敬仰之情的是古老的苯教。苯教文献《黑夏巴密续》曰："斯贝杰姆女神从自己的坐垫起身，……恭敬地围着上师转了三圈，……面向上师说道……"又，"即刻相聚之众随从欣喜万分，围着上师从右往左转圈示礼……"（《黑夏巴密续》（Sha vbal nag povi rgyud），《苯教大藏经》

阿拥版，第 35 函，第 272、321 页），类似的记载比比皆是。由此可见，转圈礼曾经是青藏高原上一种重要的甚至可能是主要的表达敬仰的礼拜方式。

根据苯教和佛教历史文献的普遍记载，大约在公元前 2 世纪（根据《藏汉大辞典》第 3197 页有关年代推算），聂赤和木赤两代赞普期间，吐蕃王朝从象雄请来众多的苯教上师，并创建了 37 个杜耐（vdu gnas），其后演变为 37 座塞康（gsas khang），即“神殿”。塞康建筑的一大特点在于：塞康都将殿内供奉的主要神像与大殿的后壁相隔离，以便留出一条用来转圈的廓道。这些举措，为来自象雄的苯教师们在吐蕃传播苯教，创造了条件。后来，随着松赞干布、赤松德赞等吐蕃赞普的扬佛抑苯，卫藏地区逐渐成为佛教中心，苯教则逐步向卫藏的周边地区延伸、传播。如今，延续塞康文化这一传统的最完整的地方，应是距离佛教中心较远的青海湖周边地区。对该地区的实地调查表明，时至 20 世纪 50 年代，此地仍然保留着室内神像隔墙而建的传统——这是塞康文化对古老的转圈文化形态的继承和延续。

在古老的象雄时期，人们不仅用转圈的方式表达对神祇的敬仰，而且在与上师说话时，先要围绕上师转圈，然后跪在上师面前，双膝着地后，才能对上师说话。然而，历经数千年的斗转星移、世事变幻后，人们对上师转圈以示崇敬的方式已渐渐消失在历史的长河之中；但对神山、神湖、神殿、神迹等转圈表示敬仰的仪式则一直延续至今，甚至，其普及程度相较于以往，有过之而无不及。

在远古的青藏高原，斯巴九神是最重要的山神，他们居住在高原上最重要的神山里，每一座神山的次级山脉中又住着若干各自主神的随从神。斯巴九神是整个青藏高原共同供奉的神祇，但他们各自的随从神则是地方神祇，护佑各自所辖的地方，保其一方平安。除了各自拥有随从神以外，这些山神，还有与之对应的湖神，而且，每一个地方的山神和湖神又分别作为男神和女神，成双配对。比如，居住在冈底斯山的是男神，玛旁雍湖是女神；达果神山是男神，当惹雍湖是女神；阿尼玛卿是男神，赤肖嘉姆（青海湖）是女神……这些亘古以来护佑着青藏高原的神灵们，就是藏民族的保护神；祭祀这些保护神的最古老的方式，就是通过转圈表示敬仰并祈求神灵的保护。

公元 7 世纪，印度佛教传入吐蕃后，佛教为了在吐蕃立足，大量吸收了青藏高原本土文化——尤其是苯教的内容。由于皈依佛门的吐蕃民众越来越多，他们不再愿意祭祀苯教的神灵，就由佛教上师迎请佛教神灵居住在神山里，替换原有的苯教神灵，或者运用佛教法事降服这些苯教神祇并将之转变为佛教的保护神。然后，为神山重新开山门，定祭祀日期，撰写圣迹志，使苯教神山逐渐变成佛教神山，但其祭祀方式：转圈、煨桑、挂经幡、撒隆达、诵经、在山上建拉则等仪式，则全部沿用苯教的传统方式，至今如此。

不过，在某些神山的信仰区域中，如今仍然有一些没有皈依佛门的苯教徒。尽管苯教徒与佛教徒共同拜转同一座神山，但他们祈祷和膜拜的山神却截然不同。佛教徒供奉的是被替换后的佛教神灵，苯教徒传承的则是原有的苯教神灵信仰。为了区别于苯教徒右转神山的习俗，佛教徒采取左转即以顺时针方向转圈的方式——这就是为什么转神山的人群中，有些是左转，有些是右转。如今所见，以左转的朝圣转山者居多，因为大多数藏族人已皈依佛门；而右转的是苯教徒，他们仍然秉承着青藏高原古老的信仰传统。

阿尼玛卿是斯巴九神之一，也是安多地区最重要的神山。几乎与其他所有的神山一样，阿尼玛卿最初也是一座苯教神山，在早期出现的苯教祭祀文本中，阿尼玛卿作为一个原始苯教的保护神，特别护佑着安多地区的藏族先民。佛教传入以后，安多的藏族先民逐渐放弃了自己原有的苯教信仰，绝大多数已经成为佛教信徒。阿尼玛卿山神也随之被认为皈依佛门，在佛教徒撰写的祭祀文本中，其逐渐被描写成皈依佛教的地方神。起初，阿尼玛卿仅仅是一个地方神，但随着时间的推移，他的佛教色彩越来越浓，而原有的苯教色彩越来越淡。由于皈依佛教的藏族先民越来越多，作为佛教保护神的阿尼玛卿，在皈依佛门后的地方民众心目中的形象便越来越高大，并且越来越佛教化，因而，在晚期的佛教的祭祀文本中，他依次被描述成已获得佛教四地果位、六地果位、八地果位甚至十地果位之神祇——在佛教的理论体系中，八地和十地是菩萨和佛的果位，这说明：阿尼玛卿不仅从苯教神祇演变成为佛教神祇，并在佛教体系中，从地方神演变成为涅槃神。直至几千年后的今天，藏族人仍然在用苯教古老的转圈仪式和各种祭祀方式向阿尼玛卿祈祷，祈求得到他的保护与庇佑，只是，佛教徒和苯教徒的转圈方向各不相同罢了。

如今，山神的名字及其故事、转山路上的圣迹、祈祷文和经幡咒文、描述转山的一些专用术语早已全部佛教化，外行人似乎已看不到早期苯教文化的痕迹；但实际上，作为转山文化的核心，原始苯教文化中以转圈表示敬仰和膜拜的方式却是始终未变，并延续了几千年。每到转山的殊胜日期，信众们便会风尘仆仆、络绎不绝地用双脚丈量着转山路，有些虔诚的信众甚至会用身体，即以五体投拜的方式感受着神山的热土和山神的脉搏，延续着青藏高原的子民们数千年来与山神之间心灵的沟通和互动。

转圈是一个古老的祭祀仪式，也是表达敬仰和膜拜的方式，更是一种古老的文化形态。在古老的象雄文化中，圆形代表“圆满”，转圈是“对圆满的实践”。青藏高原的原始先民，用转圈的方式祈求神灵的保护，用转圈的方式实践自己对圆满的追求，用转圈的方式完成人生的圆满回归。藏族人甚至将这种转圈的祭祀仪式延伸为歌舞——古老的锅庄舞就是这种文化形态的遗存之一，人们用转圈舞蹈的形式表达自己的欢乐和愉快之情。

何贝莉博士的博士后田野点位于青海省果洛藏族自治州，那里恰巧是阿尼玛卿的信仰区域。她所在的寺院里，就有一座供奉阿尼玛卿的神殿；在从西宁去往寺院的路上，就会经过阿尼玛卿山脉；在与当地民众的交往中，她常能听到关于阿尼玛卿的传说和故事……种种机缘，最终促使她在田野考察期间，亲自参加阿尼玛卿的转山活动，以传统的徒步方式实践其对圆满的追求，并和她的藏族朋友一起，经历了一场刻骨铭心的与人、与物、与山神的互动过程。尤为难得的是，贝莉以生动翔实的笔触，将这次转山历程事无巨细地记录下来。这份写实的文本，无疑有助于那些没有转山体验的异文化读者感受或体会青藏高原古老的转圈仪式的经验与情怀。

作为一位人类学者，身体力行的调查和研究，是非常必要的。而如何将个人的体悟与学术之志业相结合，诚是任重而道远。希望贝莉能够在对大山民族的文化进行调研和探究的过程中，不断取得新的成绩和进步！

才让太

2016 年 3 月 1 日于北京海淀

序二

贝莉，和她的转山记

2014 年秋天，贝莉跟随藏族僧人才旺仁增去转山，跋山涉水，徒步六天，终于完成了绕转阿尼玛卿雪山的朝圣之旅。结束旅程后，她不是回家而是去了青海果洛的一座藏传佛教寺院红科寺，在那里，她“隐居”一个多月，回来给我带了件礼物——这部转山记的初稿。

贝莉的《无始无终——阿尼玛卿转山记》，读起来心旷神怡，其题材为日记，以清新平实的文字记载了旅途中的交往，身在圣俗之间的体验，眼见的山川、风物、习俗，及耳闻的传说，在不少地方，又夹叙夹议，录下穿越路上之所思。

《无始无终》的日记体，没有出乎我的意料，我总能预期，从贝莉的气质里，涌出这样的作品是必然的。

考博前，贝莉曾来约见，我对她的第一印象是，这是一位非典型的考生，其言谈举止，与我通常接触的“科班出身”差异再鲜明不过了。作为一位典型的“80 后背包族”，她显然是背着相机去过不少地方的，而她的言语随意而直接，有时甚至令我摸不着头脑。

厌倦了伪学院派人类学，那时，我正暗自估摸着在“背包族”

里挑选若干，尽己之所能，培养出个别另类，对现状稍作改变。见到贝莉这个“背包族”，我暗自把她算上了一个。

记得当时贝莉还递交给我一篇习作，浏览之后，我发觉它饶有兴味，那是一篇不短的行记，记载了她带着藏学人类学前辈李安宅先生的著作去寻访拉卜楞寺的经历。当时李先生的书虽已重印，但读的人还不是很多。贝莉能跟着前辈在书中指引的方向去旅行，这让我刮目相看。

对贝莉的读博申请，我给予了支持，她考上后，我充任她的导师。

老实说，“回头的浪子”并不好带。贝莉对我们所从事的人类学是热爱的，在课内课外跟着读过不少专业书，对书的内涵，她渐渐能谙熟于心，但她无拘无束惯了，多数事都我行我素，难以“被规定”。另外，这个“背包族”还特死心眼，我本以为，为了做有学术价值的研究，哪儿合适她都会答应去哪儿，但一讨论到她的论文课题，她却总是如发誓一般地坚持，除了藏区，其他地方她都没兴趣！

贝莉的散漫和顽固，没少给我带来困扰，但却从来没有让我反感；其实，我早已悄悄感到，这散漫包含一种与假正经完全不同的严肃，这顽固潜在地衍化为坚持的可能。

几年过去，那散漫的严肃和顽固的坚持依旧，这本转山记可以说是明证。

转山是朝山仪式的一个别致种类，其目的地是藏族人心目中的圣山。如著名藏学家才让太教授在给这本书写的序中指出的，“转山”一词中表示行为的那部分是“转”，它指的是转圈这种表达敬仰和膜拜的古老祭祀方式，源于古老的象雄文化，转圈通过人的有规则实践勾勒出的圆形，代表圆满，而作为“对圆满的实践”，转圈用来祈求神灵的保护和人生的圆满回归。“转圈”这种祭祀方式，可以用来表示对任何有神圣内涵的神、物、人示敬，当圣山的膜拜被人们用这种方式来表现时，我们称之为“转山”。

“圣山，天地相遇之处，位在世界中心”（Mircea Eliade, Cosmos and History, p.12, New York: Harper and Row, 1959）。天地相遇的地方，可以包括人的居所以至人体自身，但其灵性来自别处，这些地方与生活世界的绝对距离，可以或远或近，但相对距离，却总是遥远。远在相对稳定而结构化的生活世界之外，圣山处在古人称之为“荒服”的地带，正因为地处边远，它们传说般地能汇通上下、联通前后、传输灵性。在藏族人当中，圣山被当成王者的天梯、“当地的神仙”或“当地的主人”，作为天柱和地钉，贯通层次不同的界；圣山也被当作是战神，如同一些死去的强大英雄那样，顶天立地（石泰安：《西藏的文明》，耿昇译，王尧校，225–227 页，北京：中国藏学出版社，2005 年）。作为生命的源泉、天地的媒介、生活的“异类版本”，圣山在不同文明中周而复始地启动着朝山仪式，经由这些仪式，它们伸出“看不见的手”画出线路，由此，将居所开放给有灵性的世界，相互关联，构成别致的网络。经由那些网络，日常活动限定在地方范围的人们，通过“苦行”，得以往来于自我与汇集神圣的自然之间，实现其心灵地图的延展。正是这些外在于家园、内在于宇宙的圣山，时而化为以一贯三的王者之相，时而变幻着难以抵御的魔力，印证着敬畏的必要，驱动着圣化自我、医治病痛、克服恐惧的“远足”，由此而让社会生活富有动态，让德性有了原型，给人间生活注入希望。此类“远足”，如“朝圣”一词意味的，是一种带有神圣意味的“游”。

贝莉的《无始无终——阿尼玛卿转山记》，当然还是一个“背包族”的行走，但这一行走含有别样的意味，它涉及作为外来于一个文明的“异类”，如何通过跟随文明的承载者前去他们的圣地从而抵达另一个境界。

这本书出自一个自由惯了的年轻人类学者之手，没有拘泥于诠释，而有着关于出发行进、歇息与归程等凡俗事项的不少琐碎记述。若是说它们有神明相互贯通的逻辑的话，那这个逻辑更多来自于转山制度，在这当中，作为过程的转山之“游”，悄然随着作者跟随藏族人的脚步，亦步亦趋，一站一站地接近于朝圣之旅的目的地，而实现为身心的有节律的转变。这个转变的直接的表现是，作为行者，贝莉在转山路上，起初举步维艰，后来变得步履欢快。得益于其亲人般的同行者所给予的悉心照料与巧妙鼓励，兴许也得益于那条不知从何来、向何处去的伙伴藏獒，这个身体感受上的转变来得并不慢。不过，转变的到来，还兼杂着某种“慢动作”，它交织着转山者与圣山之间距离的逐步拉近，及这种距离的逐步拉近所给予作者的精神舒缓作用。与过程相应，作为一个文本，日记前几个部分读起来稍稍沉重，后几个部分则充分表现了思想的渐次解放。从对于旅途前几日“沉重的肉身”所施加的负担，到后几日与她的同行者如此自由地交流——贝莉的“散漫”，变得严肃而又意味，她的“顽固”，终于有了“坚持就是胜利”的结局——贝莉于 2011 年 10 月完成了其在西藏山南桑耶寺的长期田野考察，在这座古老的寺院里，为了移情和理解，皈依为一名佛教居士，此后，便带着一颗兼杂汉藏内涵的心，多次回到所研究的民族中去，将身心投入到藏文明的研究之中。

“要进行一次成功的田野工作，某些条件是必不可少的。人类学家必须在研究上花足够多的时间，他必须自始至终与他工作在其中的民族保持密切联系，他必须只用他们的语言与其交流，他必须学习他们的全部文化和社会生活。”（埃文思·普理查德：《论社会人类学》，冷风彩译，梁永佳校，第55页，北京：世界图书出版公司，2010年）基于语言、文化和社会生活的全面把握来理解这一文明，成为贝莉给自己的任务，而这部转山记，成为她迈向藏文明圣地途中留下的一串脚印。

贝莉不是没有写过专著（她基于桑耶寺的长期田野工作和历史研究写就的博士论文，便是一部尚待出版的严格意义上的专著），但其关于藏文明民族志研究体验的日记，似乎更能表现她的个性。若是有人以专业标准（或偏见）来评判，则此类书，充其量罗列了系列民族志素材。“恰当的”民族志，应像经典之作那样，避免将社会生活的分类和解析作为代价让渡给“私人记录”。[民族志：是一种描述群体及其文化的艺术与科学。它探究的是特定文化中人们的生活方式、价值观念和行为模式，要求研究者通过自己的切身体验获得对当地人及其文化的理解。——编者注]

然而，我个人还是喜爱贝莉的作品。这其中原因之一大抵是，尽管藏族人的转山一向感动我，但我从来没有攒足过勇气跟着行走，而贝莉的记述，让我身临其境，感受到我想感受的。而另外一个原因则是，如我相信的，在经历学科成丁礼考验之后，返回到带有研究者个人气质、爱好和风格的求索中去，尽其所能与天分，使所见所闻之有意义事物得以生动重现，对于人类学这项事业，贡献并不亚于刻板的民族志，而贝莉的这部“日记体民族志”向我们显示的，正是人类学向这方面开拓的一种可能性。

散记类文体绝非贝莉的独创。在古代和近现代中国，有着浩繁的志书和纪实性文学作品，它们如民族志那般，细致记载所涉之地天文、地理、民俗、物产、职官、教化、人物等方面内容，也有着一样浩繁的文本，如“异文化人类学”那样，铺陈着祖先对于世界的认识，其中，游记和纪实性的游踪日记构成一个重要组成部分。如果问贝莉的书有什么创新，那么这一创新便可以说缘于其对传统的继承，而她所自觉或不自觉继承的，正是纪实性的边疆游踪日记传统。

入学前，贝莉已是个优秀的摄影人，从读博到现在，她不仅用笔写下了田野工作的收获，而且还拍摄大量图片记录她的观察。2013 年 4 月，成都市大邑县安仁镇的民族志展览馆展出其“桑耶寺的仪式与节庆”专题摄影作品展，我就是该展的策展人。她这次发表的转山记，一样也收录了她的摄影作品，这些图片是她在朝圣之旅上遇见的景观与人物的说明，它们大大丰富了这部“日记体民族志”，使之成为一个生动活泼的文本。

王铭铭

2016 年 2 月 29 日于北京五道口

目录

绕转阿尼玛卿，有人说要走 270 公里，有人说要走 220 公里，也有人说要走 170 公里——没有人知道一个准确的数字，因为路线总会略有不同。但无论怎样计算，阿尼玛卿都是转山路线最长的一座神山。因缘际会，第一次转山，我就无意间选择了一条最长的转山路。

走在公路上，身边不时有皮卡、越野车、面包车呼啸而过。经过我时，车里的人难免会好奇地探看。发觉我是一个汉族女人后，人们便扯着嗓子问：“你哪里来的？”而孩子们则像在动物园里见到了大象或犀牛一般，肆无忌惮地高声呼喊：“佳嫫——佳嫫——”

经过这一日转山，自觉身心变得愈发坦然：纵有磨砺与辛苦，但已深知承受这苦难的意义和因果。所以，不须瞻前顾后，没有焦虑彷徨，犹如生活在忘忧国。如果每日醒来，知道自己今天要做的事，就是心无旁骛地走路——那么，这个世界，倒也简单了。

此时风雪交加，冰水顺着脸颊流进衣领，我仿佛又回到首日转山的困顿之中。公路绕着山坡蜿蜒而上，在远处拐了一个弯，闪身躲在山后，看不见了。莫非，那里就是此行的终点？于是在心中默默期盼。一步一步挪到那里，才发现，前方还有一段更长的山路在等着我。

在那一刻，我忽然意识到：若想真正洞悉、体悟一个文明的精神世界，仅靠“参与观察”是远远不够的，还需让渡自己，并且成为他者。这或许是人类学方法论上的乌托邦，但它就这样毋庸置疑地存在于我的信念之中，造就了我如今的生活。

没有想象中的激动，也没有想象中的兴奋，掠过心头的竟是一丝惘然：绕转一圈，回到起点，那其间经历的种种，又算是什么？仿佛是用自己的脚步给自己的人生画了一个大大的句号——也许，沿途发生的一切，不过是为了闭合这个“本来无一物”的轮回。

无始无终

阿尼玛卿转山记

第一天

九月十日 星期三

黎明前

或是兴奋，或是紧张，整晚辗转反侧，无法入眠。与我情形相仿的，还有睡在一旁的阿姨。凌晨六点，不等闹钟叫早，一行人纷纷起身，借着手电的微光，穿好衣服，坐在床边，哥哥帮忙倒水，妹妹拿出馍馍，未及洗漱，便就着热水啃干粮。才旺师（青海省果洛州红科寺的僧人）坐在大通铺的尽头，低声诵经。隔壁房间，窸窸窣窣一阵作响，忽而归于平静，想是朝圣者已经出发。对面床铺上的一家人，还在酣睡，均匀的呼吸伴着微鼾，此起彼伏。

吃完早点，收拾行囊，出门，山中寒气扑面而来，天色如墨，不见星光，远处隐隐闪烁的光亮，原是手电灯光。我背着摄影包，跟随阿姨、哥哥和妹妹，沿一条约有单车道宽的土路往山谷深处走去。道路两旁的帐篷里，不时地闪出人影。刚过一座小桥，才旺师便追上来说，要先去煨桑台煨桑（藏族人向神灵献祭祈祷的一种传统仪式），哥哥与他同去。在这里，煨桑是只有男人才能参与的仪式，阿姨、妹妹和我卸下行李，原地等候。在我们等待的地方，恰巧有一间帐篷拉康（临时搭建的神殿或庙堂），里面供奉着观音菩萨和阿尼玛卿护法神（护持佛法的神灵）。朝圣者路过这里时，多会入内顶礼朝拜，祈求此行功德圆满。阿姨和妹妹先进去磕了三个长头，口中念念有词，点灯供养诸佛菩萨（供灯有十种功德：照世如灯、肉眼不坏、得于天眼、善恶智能、灭除大暗、得智能明、不在暗处、具大福报、命终生天、速证涅槃）。我如法炮制，磕了三个长头，点燃两盏酥油灯，祈请阿尼玛卿护法神保佑我们转山顺利。

我们所在之地，是阿尼玛卿转山路的起点，名为“蔡那卡多”，是三怙主（观音菩萨、文殊菩萨和金刚手菩萨）的圣地。朝圣者启程时，要在此磕三个头、发愿、奉石。若是磕长头转山，需要 40 至 60 天；若是徒步转山，需用 4 至 7 天；如果开车转山，一天就够，只是路线略有不同。可见，转山所需时日，并无定数，视身体或其他客观情况而变化。

才旺师煨桑的地方，有一座供石曼扎（藏传佛教中常见的一种法器，象征整个宇宙，对之供养，可积聚福德和智慧），自下而上，分为黄、红、青、红三色四层，其上是白石垒砌的锥形体。曼扎背后的山脊上，缀满五色风马幡（用以祈福的布面彩旗，印有经文、心咒、佛菩萨像和吉祥图案，本意为：风是传播运送经文的一种无形的“马”）；曼扎的前方，有一座水泥筑造的方形煨桑台。台中堆满青稞、炒面与柏枝，台上飘散桑烟，台边布满隆达（“风马”的藏文音译，一种印有风马的纸片），台周弥漫着浓浓的酒香。煨桑者神情肃穆地站在台上，口念煨桑颂词（不仅是颂词，人们还会把自己的心里话和想法告诉山神，像跟山神对话一样，求其保佑），手中抛洒青稞、白酒或隆达。

据说，阿尼玛卿雪山周边的大型煨桑台约有十九处，这处位于雪山东南面的煨桑台是“吉祥合意慈莲煨桑台”，初建者是岭国格萨尔王的大将桑东阿冬，重建者为巴多部落。在此煨桑的朝圣者，无不希望有一个美好的开始。

继续等待才旺师和哥哥。朝圣者成群结伴，静静地擦身而过。一个中年男子忽然停在我们面前，他把手中的拐杖递给阿姨，说“有这个好撒！”未及言谢，他便已经上路了。此后，阿姨一直拄着这根拐杖爬坡过河，果然方便许多。

五人凑齐，大家一边聊天一边行路。我问阿姨，为何要来转山。阿姨告诉我，她的身体不好，曾患胃癌，是一个将死之人。家人求她住院治疗，她却觉得，与其痛苦地死在医院，倒不如死在朝圣转山的路上。为此，她转过冈仁波齐（位于西藏阿里地区），转过雅拉香波（位于西藏山南地区），不仅没有死在途中，反而身体越来越好。如今，又来绕转阿尼玛卿。接着，阿姨反问我：你来转山做什么？我解释道：因为我的母亲属马，听说属马的人在马年转山很好。这些年，自觉亏欠她太多，所以这次是为母亲祈福而转山。才旺师顺着我的话头，认真地说：那就要像爱母亲一样爱众生才好。转山时，先发愿：我们为一切众生转山，要发如此菩提心；接下来，以平常心念经转山；最后，把转山的所有功德回向给一切众生，愿他们早日离苦得乐，脱离六道轮回的苦恼，得到圆满正等觉的果位。平常转山，功德如念诵八亿次六字大明咒；马年转山，功德如念诵十三亿次六字大明咒。这些功德都要回向给众生……转山时，可以念颂六字大明咒、莲花生大师心咒或其他自己熟悉的心咒。

听完才旺师的话，大家不由分说，各自拿出念珠，开始低声持咒。忽然间，转山好像变成了一件关乎众生福祉的大事，相较之下，阿姨的求生苦行和我的世俗亲情则显得微薄而无足挂齿。

哥哥和妹妹自然而然地走到了最前面。阿姨告诉我，他俩从小在山上放牦牛，早出晚归，走这样的山路，易如反掌。才旺师背着硕大的登山包，脚步稳健，速度毫不逊于兄妹。我和阿姨负重最少，落在最后，拄着手杖，且行且停。半小时后，天色微明，路上风景依稀可辨，土路右侧是一条河道，流水映着天光，勾勒出山涧蜿蜒的轮廓。溯流而上，行至天明，眼见一片开阔的河滩，路旁的指示牌示意：朝圣者此时要离开主路，横穿河滩和溪水。已是羊肠小道的转山路，就在河对岸，沿着山坡，一路向上延伸。

当我和阿姨行色匆匆地赶到河滩时，才旺师正在河边洗葡萄，哥哥和妹妹在岸上聊天。过河的"桥"是一块一尺见宽的铁皮板，走在桥上，颤颤巍巍。过河后，我瘫坐在石滩上，稍息片刻，继续赶路。

圣迹

对我而言，坡路比平路艰难百倍，三步一喘五步一停，走得大汗淋漓，却连阿姨的步伐都跟不上。终于，登上山坡，眼前豁然开朗，原是一片高原草甸。厚密的青草缀满雨露，踩上去绵软舒适，如同走在羊毛地毯上。坡下是河谷，流水轰隆作响；对面的高山上，挂着几根纤细的瀑布。一阵密雨不期而至，转山者纷纷套上简易的塑料雨衣。

当初，我问才旺师转山需要准备什么时，他只回了两个字"雨衣"。想不到，在转山的第一天，这个寻常物件便派上了用场。

大约在九点钟，雨过天晴，我们来到一处平缓的坡地，席地而坐，正式用餐。大家拿出各自准备的食品：馍馍、月饼（两天前是中秋节）、面包、饼干、苹果、葡萄和榨菜。阿姨又给我吃了些高原宁和芫根，据说这药物和食材能缓解高原反应。因为我是一个"佳嫫"（汉族女人），大家总是格外留意我的身体状况。

席间，几只山雀也凑了过来，才旺师将馍馍掰碎了扔在近处，山雀连蹦带跳地飞来啄食，一点儿也不怕人，想必是早已被朝圣者喂熟了，一见行人坐下，便知会有食物分享。

吃饱喝足，感觉身体恢复了一些气力。接着，是一路下行的缓坡。才旺师说，走完这片草甸，就有一处圣地。循他指示的方向望去，挂满经幡的远山标记出圣迹所在的位置。我们越过水流湍急的小溪，钻过当地人设置的栅栏，一路疾行，来到这处名叫“卓玛本宗”的朝圣地。

卓玛本宗，是十万度母居住的璁叶庄严刹土（佛教语，意为田土、国土），位于阿尼玛卿东南端，距离我们的出发地蔡那卡多约5公里。传说，这里有绿松石和碧玉建成的宫殿，琼楼玉宇美妙绝伦，祥麟法轮璀璨夺目。这里的一草一木、溪流雨水都是圣药圣水。难怪有些朝圣者即便在此遇雨，也不打伞遮蔽，任凭雨露浸润。度母的修行岩洞，隐匿在气势恢宏的经幡阵中，这里据说是杂日神山的入口。民间亦称此处为“独柏”，由于当地并不生长柏树，唯此处独有一棵，其中胜妙不可思议，由此，信众相信，卓玛圣柏修行者阿奈桑姆曾在这里闭关修行。

如今，若非经人提醒，实在难以察觉到岩洞与柏树。但与其他圣地一样，最引人瞩目的仍旧是供石曼扎、煨桑台和供灯室。行至圣地附近，朝圣者卸下背囊，就近放在地上，不用担心遗失或错拿。人们先对供石曼扎的方向顶礼膜拜；之后，在供灯室里点酥油灯。若是男子，还会在煨桑台边煨桑，献酒，撒隆达。

才旺师将登山包卸在供石曼扎的附近，先向曼扎三顶礼，然后走进供灯室，我尾随而至，也想点灯。他便笑道：“点灯的功德钱，一定要自己出呀！”我点点头，供了五盏酥油灯，走出供灯室，虽已完成仪式，却也不知心里该想些什么。才旺师点完灯，继续留在室内，念诵供灯仪轨。阿姨和妹妹正对供石曼扎磕长头，哥哥在煨桑台上撒隆达。大家各自完成朝拜仪式后，背起行李，再度启程。

转山路

卓玛本宗位于山脚处，转山道顺着山脚向河滩延伸，开阔的滩地布满转山者的足迹，人们随性选择自己的道路，直至拐过一道山岭——一条单车道宽的上坡路，领着众人再度远离河滩，向山岗攀去。站在岗上，谷中风景尽收眼底：远处的山峰，白云缭绕；近处的灌木，苍翠欲滴；中灰色的土石路如银链般穿行其间。我们一路溯河而上，与河滩若即若离，海拔逐步升高。

不知不觉，山路又与激流交汇。这一次，需跨过四五块半人高的磐石，才能抵达对岸。一群磕长头的转山者，与我擦肩而过，他们身披雨衣，面戴口罩，手持木板，裹着绑腿，三步一叩，来到岸边，他们一个接一个地跨过磐石，平静的目光似乎掠过流水直达彼岸。过河之后，继续三步一叩，缓缓走向转山路。不远处，停着一辆吉普车，那些无法跨越磐石的人，可以乘车渡河。我站在岸边，暗自思忖要不要乘车：倘若失足落水，后果将不堪设想。然而，就在这犹豫的当口，妹妹已如小鹿般轻松跃到了对岸，才旺师迈着大步稳稳地过了河，阿姨在哥哥的帮助下，正在向对岸靠近。须臾间，我意识到此岸只剩下自己一人，心里顿觉慌乱。只见，哥哥把阿姨安顿好，反身回到石上，跃出三四步，立在我面前，伸出手，说："来！"我只好顺从地向他伸手，并迈步踩在石上。哥哥的手，孔武有力，被他紧紧握住的那一刻，所有的担心与不安便都烟消云散了。他牵着我，稳稳地过了河。对岸，阿姨、妹妹和才旺师在原地等我们。见我双脚着地，阿姨欣慰地说："转山的路，还是自己用脚走得好撒！"我笑着点点头。

过河后，又是一条漫长的上坡路，道路泥泞，砾石嶙峋，我意识到：自己已明显拖累了同伴们的进度。尽管如此，却无人抱怨。

我告诉阿姨，你们先在前面走，我会跟上来。可是，我却仿佛离他们越来越远。同伴们还在等我：有时在河滩边，有时在山坡上，有时在帐篷里。我不得不集中所有的精力赶路，大口喘气，汗流浃背，不再留意路上的风景，只是麻木地迈动双腿。什么持咒，什么众生，什么发愿与回向，早已抛在了脑后，唯一剩下的心念，便是行路。即便如此，我与同伴之间的距离，似乎分毫未减。

才旺师如探路者一般，总是走在最前；妹妹和哥哥刻意控制着自己的步伐，不致走远；阿姨时常回头张望，确认我的进度。每当我想停下来休息时，一看见阿姨回望的神情，便又不由自主地迈开了步子。我已说不清自己是怎样爬上那道山岗的，只记得岗上的白帐篷——这些白帐篷是设在转山沿途的休息驿站，多会提供食宿——如救星一般赫然出现在前方。好不容易走到帐篷跟前，我问阿姨："可以在这里休息一下吗？"阿姨迟疑片刻，说："好！我们也该吃午饭了。"此时，早已不见才旺师的踪影，只好托前行的转山者给他带个口信，告诉他，我们在这里歇息。

余下四人，钻进帐篷，一边感叹帐篷商店的物资丰富，根本不用背这么多东西转山；一边掏出自带的食物。大家洗完手，阿姨、哥哥和妹妹拿着自己的瓷碗，抓了两把炒面，加上一点奶渣和酥油，开始揉糌粑。我坐在一旁，无所事事。阿姨问："你吃糌粑吗？"我说："吃啊！但我不会捏糌粑，只会像搅糊糊那样地吃。"阿姨又问："你的碗呢？"通常，每个藏族人都会有一只自己的碗（传统的，是木碗），出门随身带着，吃饭喝茶都用它。我只好告诉阿姨，自己没有带碗。坐在身旁的哥哥，"嘿嘿"一笑，顺手将揉好的糌粑递给我。我接了过来，放在嘴里咬了一口。大家笑了。哥哥继续给我们倒茶。

帐篷里，除了转山的人，还有一只黑色藏獒，约有半人高，毛色乌黑油亮。它总是在人群中沉默地走来走去。这只藏獒的双眼上，有一簇黄褐色的短毛，形如唐朝美人的文眉。有谁转山，会带上一只藏獒？那时，我只是觉得好奇，却未曾想这只藏獒将与自己有关。

当才旺师往帐篷里探进头时，我们的午餐已过大半。见有阿卡（安多地区的藏族信众对僧人的称谓）进来，人们赶紧起身让座。通常，阿卡应坐在上位。倘若条件所迫，只能坐在一处，在家人也要把阿卡的坐席撩起一角，自己坐在下层垫子上，以示恭敬。才旺师卸下背包，瞪着我们大声说："左等你们不来，右等你们不来，就知道你们肯定找了一个地方歇着撒！"大家只好呵呵一笑，谁也不好意思接茬儿。"阿卡才旺，吃糌粑吧。"阿姨把炒面袋送到才旺师的面前，哥哥给他倒上热茶，大家恭恭敬敬地等他吃完午餐，这才一同出发。

我似乎吃得太多了，身体倍感沉重，如同灌了铅水。没走多久，便又气喘吁吁。阿姨的步伐越来越快，尤其是在平路上，几乎与哥哥和妹妹的速度相当，他们三人一行，一同走；我和才旺师一前一后，落了单。

这一次，才旺师调整策略。他先在前面走一段路，然后坐在路边，等我们逐次经过；待我们走出一段距离后，方才起步跟上；但很快，他就会超过我们，独自前行；走出一段距离后，便又坐在路旁，一边诵经，一边等我们靠近。如是循环反复，无休无止。

他那橙红色的背包罩，犹如信号灯，不停地在眼前晃动，催我赶路。每当我超过才旺师，想着这次一定要走得离他更远一些，不要让他这么快就追上我。可是，几分钟后，橙红色的背包罩便会再度出现在前方——那情形，真是令人倍感失望。

背包

肚子一通乱叫，我想找个地方“方便”。放眼望去，河谷中无遮无拦，转山者络绎不绝，我实在不好意思当着众人的面露出白花花的屁股。心想，倘若穿的是藏袍该多好，长长的袍服能遮住一切。

“你怎么呢？不舒服吗？”才旺师追上我，似乎看出了我的异样。

“我想找个地方上厕所。”

“这里没有厕所，路边可以。”

“会被人看见的！”

才旺师瞪大眼睛，故作惊讶地说：“谁没有屁股呀？谁喜欢看你的屁股？”我“厌恶地”说：“有没有人喜欢看，我不知道。但我不想被人看见！”

“哦呀（藏语，意为‘好’）——”才旺师不以为然地答道。他向四周望了望，指着路边的排水沟说：“你到那里面去吧。弯弯里，看不见的。”

我点点头，正要走，却被他叫住，“包给我！”我顺从地卸下摄影包，请他帮我临时拿一下。“你继续往前走……”我嘱咐道。

“哦呀！”他应承着，露出一脸诡笑。见才旺师走远，我才跳进排水沟，趁着下一波转山者尚未靠近，赶紧方便。等我再度追上才旺师——其实是才旺师在等我，蓦然发现自己的摄影包不见了。

“我的摄影包呢？”

“哦呀！你的摄影包呢？”才旺师学着我的样子，吃惊地问道。

“我认真问的。”

“是呀！我不知道的啊。”

“不是你帮我拿着的吗？”

“是吗？我不记得了啊！”

我被他调侃得彻底无语了，索性弃他一旁，独自赶路。才旺师几步追上我，笑着说："你的包在哥哥那里，包里的相机在我这里撒。"

"那怎么行，我自己的包我自己背。"

"你已经走不动了，还要背什么包？"才旺师打趣道。

不搭理他，继续赶路，我想追上哥哥，要回自己的包。也不知追了多久，才赶上阿姨、哥哥和妹妹。如才旺师所言，我的摄影包扎扎实实地捆在哥哥的背包上。我伸手要去解绳扣。阿姨叫道："你做什么？"

"我要背我的背包。"我解释道。

"不用，不用！"哥哥转过身，护住背包，慌忙阻止我。

"这样不可以。阿卡和哥哥帮我背东西，如果别人知道了，我是要被骂的。"在安多地区，干活负重的多半是女子，男子不做家事主管外务。至于阿卡，就更不该触碰女人的东西，尤其是贴身衣物。在有出家人的家庭里，甚至需要置备两台洗衣机，僧服与在家人的衣服必须分开洗涤。正是耽于这样的习俗，我才不敢让才旺师和哥哥帮我背东西。

"没关系……没关系，不会有人骂你。我们知道是怎么回事，不会有人骂你！"阿姨安慰道，"前面有高高的山要爬，我们背不动的撒，我的包妹妹背，你的包哥哥背，可以的撒，不要担心。"

在阿姨的劝说下，我不再坚持己见。虽然卸除背包，已无负重，但却未觉轻松多少。每次迈步，还是倍感艰辛；每次休息，更是徒添倦怠。或走或停，不知如何才好。阿姨建议我不要坐下，更不要长时间休息，她送给我一捧芫根，要我放在口里慢慢含化，据说能缓解疲劳。

这里有个佳嫫啊

下午三四点钟，我的疲惫想必已写在了脸上，每个从旁经过的转山者，都会关切地问："累不累啊？"我笑着摇摇头。不是不累，而是喊累也没有用。才旺师总是坐在远处的山坡上等我，等我好不容易走到他跟前，便唱起打油诗：

这里有个佳嫫啊，
累得不行了啦，
她说她要转山啊，
转也转不完了啊——
这里有个佳嫫啊，
走得太慢了啊，
她说她要转山啊，
一周还是一月啊——
这里有个佳嫫啊，
脸色变绿了啊，
她说她要转山啊，
死在路上咋办啊——

听到这里，我狠狠地瞪了他一眼，就算是阿卡，也不该这么嘲弄我。才旺师哈哈大笑。迎面走来一对朝圣者，他们转山的方向是逆时针，与我们恰好相反，这是苯教徒（苯教是先于佛教而在藏族聚居区盛行传播的一种信仰体系，后与佛教相互融合，自成一体）特有的转山方式。一路上，我们遇到的苯教徒并不多，大约只有三四群人。才旺师指着这群人说："要不，我把你送给他们，你跟他们走吧。这样很快就到终点了。剩下的路你也不用走了。”

“为什么？”

“因为你走不动了啊！”

“谁说我走不动，我只是走得慢一点。”我的嘴巴还在逞强。

“哦呀，哦呀——这里有个佳嫫啊，死也要转山……”才旺师边唱边走了。剩下我立在原地，咳嗽不止。由于走路不得要领，一直本能地用口腔呼吸，以至于引发了咳嗽。

道路泥泞，我在此遇到两位磕长头的转山者，他们看上去像是一对夫妻。丈夫在前，妻子在后，两人小心翼翼地在泥沼中选择前进的道路。或是累了，妻子就近横躺在路边的草坡上，用胳膊遮挡头顶上炽热的阳光，丈夫坐在她的近旁，一边擦拭汗水，一边关切地望着躺在地上的妻子。虽是辛苦，却也温馨。

有一群衣着现代的年轻人，迅速地追赶上来，交错时，他们好奇地向我张望，作为回应，我也看着他们，瞬间，双方都露出了笑脸。他们很快就追上了走在前面的才旺师。我见他们交谈了几句，方才分开。过后，才旺师告诉我，那群年轻人是在西宁念本科的大学生，其中也有一个汉族人。他们托才旺师送给我一些当归，据说这种药材能抗高原反应。

“吃吧！”才旺师递给我一块当归，说。

“不想吃。”

“为什么？”

“我已经吃过芫根了。”

“当归不是芫根。”

“都能抗高原反应嘛！”

“多多地吃，好的哦！”

执着的才旺师，见我把当归塞进口里，才肯罢休。虽然我不想当药罐子或小白鼠，但这一路，还是被各种各样的好心人喂了五花八门的东西。大家无一例外地担心我会有高原反应。

此时，阿姨、哥哥和妹妹已彻底走出了我的视野，只有才旺师的橙色背包罩还在眼前晃动，忽大忽小，若即若离。我不止一次想放弃这种徒劳的追赶：每当我靠近一点，才旺师就会走得更快更远，如海市蜃楼一般，可望而不可即。我觉得很累。对于一个每天走1500步都会觉得累的懒人来说，忽然在高原上疾行十几公里，那是怎样的一种情形？——我已无力记忆那是怎样的一种情形了。

不知何时，那条黑色藏獒悄无声息地跟了上来。我赖倒在草坪上，它便坐在我身旁，我问它：“你是不是也走得太慢了，以至于被同伴落下好远？”藏獒不语，只是盯着我看。“哦，也许是你走得太快，把同伴留在了后面。”我纠正道。

一直在上坡，无休无止地上坡，不仅消耗力气，也在消磨意志；但这还不是阿姨口中“高高的山”：让姆山。

当我真正站在让姆山的山脚，往上望时，顿如置身于崩溃的边缘——我根本看不见山路的尽头。于是，跟才旺师商量：“我可以在山脚下休息一晚吗？你先走吧。”这里有几间帐篷，应该可以留宿。

“不可以，你也要走。你的包还在哥哥那里，我们必须赶上他们。”才旺师坚定地说。他说得对，我的同伴还在前面等我，除了行走，别无选择。“我可以休息一下再走吗？”对方微笑，以示默许。

我瘫坐在路边，脑中一片空白。所谓“休息”，只是一个心理安慰，不具任何意义。身体的每一个细胞都已精疲力竭，它们畏惧走路，害怕爬山，但又无可奈何。

“开始吧。”才旺师推了推我的后背。

“再休息一下！”我依旧不想动弹。

“不能再休息了。再休息，天黑也走不到下一站。”

我点点头，勉强起身，却不由自主地踉跄一下。才旺师伸出手，想要扶我。

“不用！”我挥了挥手，以示拒绝。“我自己会走。”深深吸一口气，挥动手杖。第一次使用手杖，似乎也不得要领，不仅没有省力，拿在手上，更像是一个负担。尽管如此，我还是僵硬地挥动手杖。至少，在休息时，可以倚着它。

才旺师在前面走，离我只有十步之遥。我停，他也停；我走，他也走。我不知道他是如何做到的，就像后脑勺上长了眼睛一般。

“你整个人都在摇晃。”他说。

“是吗？我怎么感觉不到。”我喃喃地回答。

“你的声音小得像蚊子叫——嗡嗡，嗡嗡……”

“别跟我说话，我要留着力气走路。”

“这里有个佳嫫啊，走路摇摇晃晃呀，她说她要转山啊，如果倒在半路，怎么办……这里有个佳嫫啊，脸上没有表情呀，她说她要转山啊，如果晕在山上，怎么办……这里有个佳嫫啊，上气不接下气呀，她说她要转山啊，如果回不去了，怎么办……”

“能不能别唱了……”

“不好听吗？”才旺师逗趣道，“我觉得很好听啊！”

“哎——才旺师，我想休息一下。”

“不行！走路。”

“你先走。”

“一起走。”

……

你为什么要转山

终于爬上了“高高的山”，我却感受不到丝毫喜悦。眼前是一片高山草甸，与先前经过的那一处不同，这里海拔五千多米，放眼望去，无边无垠，无遮无拦，无凭无依，没有期待中的白帐篷，除了才旺师和我，连一个其他的转山人都见不到，更别说阿姨、妹妹和哥哥的身影。难道，真的是自己走得太慢，已被所有人抛在了脑后？

简直欲哭无泪，除了继续前行，我想不出别的办法。才旺师忽然加快了脚步，他不再担心我会滚落山崖，也不再顾虑山石会挡住视线，便按照自己的速度自由行走。在高原草甸上，对方离得近时，似一个大墨点；离得远时，似一个小墨点——根本无法视而不见：那个出现在草甸上的微微移动的多余一点。

远方，立着一根经幡柱；那里，就是我们的前方。

我会不会死在草甸上？就像才旺师唱的那样。——一个荒唐而真实的念头，在脑海中忽闪而过。我死后，会不会也有人在这里立一根经幡柱？（用以悬挂风马幡的立柱，其功能多种多样，超度亡灵是为其一）我记得，在从西宁到达日县的路边，有一根经幡柱，是为超度在那里被汽车意外撞死的孩子而设的。在上红科乡的河滩边，也有一根经幡柱，是为超度在械斗中丧命的人而设的。那么眼前的这根经幡柱，又是为谁而设？难道真的是为了死在转山路上的亡者？

一边胡思乱想，一边艰难赶路。才旺师已离我很远，索性坐下来休息，再也没有人催我前行了。我漫无目的地望着来时的方向，忽然发现有几个黑点在缓慢移动：一群朝圣者正向这边走来。此时的天空，阴沉晦暗，不知是日落将至还是山雨欲来。人们锲而不舍地赶路，不问阴晴圆缺。我原本以为自己的身后再也不会有人出现了，然而，一旦看见这些不知名的同行者，心里顿时添了几分气力。

于是起身，继续行路，远远望见，才旺师在经幡柱的附近抛撒隆达。

当我赶到经幡柱时，才旺师早已走开了。这时，天空开始下雨，最初是温润的毛毛细雨，随后是倾盆而下的豆大雨点，渐渐地，雨点裹挟着冰雹，劈头盖脸地砸过来，令人猝不及防无处躲藏。原本已是小墨点的才旺师，如电影回放般渐渐变大，直至伫立在我的面前。

“你怎么往回走？”

“下雨了。”

“我知道。”

“你要穿雨衣。”

“没关系，这件冲锋衣也是防雨的。”

“要穿上雨衣。”才旺师懒得跟我争辩，掏出雨衣，直接套在我身上，然后帮我把侧襟扣好。为了给我减少负荷，这件雨衣也被才旺师塞进了自己的背包里。

“还有多远？”我一边咳嗽，一边问道。

“要走到那里。”他指了指前方。山脊上，隐约可见一大片经幡阵，其下，立着几顶白帐篷。远处，似有一条土路穿行而过。

“我明白了。”

“走吧。”

“好……”

不知在雨中走了多久。经幡与帐篷就像一张水墨画，静静地悬挂在半空，无论我如何趋近，它都不曾改变——这意味着我们之间距离并未缩短多少。如是结论，令人万分沮丧。身后的转山者，正在陆续超过我，人们悄无声息地行走，于风雨交加的傍晚。我的衣服，一面被汗水沁湿，一面被雨水打湿，整个人如同浸泡在冰水里，冻得瑟瑟发抖。

远处的才旺师终于停住脚步，坐在一处高地上，撑着蓝色雨伞，扛着背包，背包盖着橙红色的背包罩。良久，他一动不动，像一尊泥塑的造像——直至我走近，他才忽然显出生机，瞪着眼睛说："你是青蛙吗？天一冷就冻住了，走不动了！"

"我是青蛙，那你是什么？"我生气地问。原本渴望几句安慰话，但在才旺师的口中，便又成了嘲弄。

"我是在等青蛙的才旺师啊！"他笑道。

"我不要你等。"

"真的哦？"

"真的。"

"你自己走得来？"

"是的。"

"哦呀……"他站起身，拍了拍身上的雨水，稳了稳背包，头也不回地走了。这一次，他真的没有再等我，橙红色的背包罩和蓝色的雨伞越来越小，越来越小，直至消失在我望不见的地方。

才旺师不见了，天地间好像忽然少了些什么，空虚趁机而入。我茫然四顾，仿佛所有人都在离我远去：从一个拥有形象的人，变成一个毫无特征的点，直至消失。感到孤独吗？没有，至少我还有烈风和暴雨。一定会走到目的地的，只是稍微晚一点，即便晚了很多——又有什么关系，我会走到的。这样安慰自己，心里却并没有觉得好过。

顶着风雨行走，飘摇如落叶。起初，我还小心翼翼地选择路线：避开绊脚的草丛，绕过不知深浅的淤泥，跨过积水的凹地。后来，我已无心顾虑这些，找到一条看似就近的路线，直直地走过去。裤腿和鞋面溅满泥浆，泥浆沾着残草，我能想象得出自己的狼狈，但已顾不了许多。就这样走着，已经走过了十二个小时，不知还需要多久，不知还要走几天。

绕转阿尼玛卿，有人说要走 270 公里，有人说要走 220 公里，也有人说要走 170 公里——没有人知道一个准确的数字，因为路线总会略有不同。无论如何，阿尼玛卿是转山路线最长的一座神山，相较于冈仁波齐、贡布本日（位于西藏林芝地区）、墨尔多神山（位于四川阿坝州）或卡瓦格博（位于云南德钦县）。因缘际会，第一次转山，我就无意间选择了一条最长的转山路。

“你后悔了吗？你后悔了吗？你后悔了吗？……”身体的每一个细胞都在向我发问。

“你为什么要转山？你为什么要转山？你为什么要转山？你为什么要转山？……”身体里的每一个眷属都在向我发问。

我不知道自己为什么要转山。

为了母亲？为了众生？为了猎奇？为了体验？为了功德？为了研究报告？为了打发时光？还是因为无法逃遁的因果业缘？我已不像出发时那般笃定，可以说出一个明确的理由。行走中，无数次拷问自己，却仍不知哪一个才是沉在内心深处的答案。我不知道自己为什么要转山，但我知道：我要转山。

我不知道是谁在我的灵魂和身体里种下了这个念头，但我知道，这个念头，一旦落入心田，便要生根发芽，散叶开花。

见到

我被自己折磨得神思恍惚，茫然无助地坐在草甸上，不经意地望着右侧的山峦。在被乌云遮挡的背后，不知会有些什么——这么想着，眼前的密云便忽然揭开一角：山峦背后，露出一座灰黑色的金字塔般的山峰；山峰背后，像是另一座半隐在云彩中的山峰，与之如影随形。静谧、从容、不悲不喜、岿然不动。我不由得站起身，痴痴地望着这景象，百感交集，不知这相随相依的两座山峰究竟触动了自己的哪一根神经，以至于自己热泪盈眶，身心拜倒在地。在我想见的那一刻，它蓦然出现，以不曾期料的姿态，不着言语的讯息，袒露一切，直抵心性。

接着，我又往左边的山峦望去，仿佛有人在告诉我：你该看看那一边。于是，我往左边的山峦望去。山峰之上，乌云背后，太阳执着地透出白色亮光，那是一种可以直视的光晕，光晕下方，忽现一匹白马。我能清晰地辨认出它的眼睛、嘴巴、脖颈和前蹄。白马栩栩如生，仿佛呼之欲出——那是阿尼玛卿护法神的坐骑吗？据说，玛卿护法神的坐骑就是一匹白马。它为何会出现在这里，它为何要昭示在我眼前，幻化的真实，缘何而发生……

在转山的前夜，才旺师带我去餐馆里吃晚饭。简陋的房间里，挂着一张画像：一位英俊男子身披铠甲，背扛战旗，手持武器，骑乘白马。我问才旺师："这是格萨尔王吗？"

才旺师瞪了我一眼："格萨尔王的马是红色的，这匹马是白色的。他当然不是格萨尔王。"

"那他是谁？"

"阿尼玛卿！"

"阿尼玛卿？"

"你以为阿尼玛卿只是一座山吗？不是的，那是一位神。"

"阿尼玛卿护法神？"

"是的。转山，也是朝神……我们将在神的领地里行走，那里的雨水就是甘露，那里的草木就是药材，那里的声响就是神乐。你在那里得到的一切，都是加持；你在那里承受的一切，都是消业。你要转山吗？这就是转山。"

想起才旺师的话，此时，我才若有所悟。

我已看见了我该见到的一切，剩下的唯有行路。神秘体验（倘若山峰与白马能称为“神秘体验”的话）并不能减轻身体的困顿，在风雨大作的高原草甸上，我已举步维艰，又该如何完成未完的旅程？

近乎本能地，我想起了莲花生大师的心咒“嗡、啊、吽！巴匝格日班嘛色德吽！”这么想着，居然就大声地念了出来，听见耳边传来自己的声音，我不禁暗暗吃惊：这是哪里来的气力，居然还能大声持咒。这一次，我不是为了众生，而是自私地祈请大师让我能完成今日的旅程。

就这样，念一声“嗡”，走一步；念一声“啊”，走一步；念一声“吽”，走一步；“巴匝格日班嘛色德吽”，走四步。如同得了号令一般，我就这样念着“嗡、啊、吽！巴匝格日班嘛色德吽！”直至走近经幡阵和白帐篷。

我满怀希望地在一座座白帐篷前仔细探看，可是，没有看见阿姨、哥哥和妹妹，也没有看见才旺师。期待，在一点点落空。我不知道他们在哪里，在做什么，便只好坐在煨桑台下方的草甸上，等待，也许他们会看见我。一旦停止行走，就会倍觉寒冷。我不由自主地缩成一团，试图阻挡雨水的侵袭，麻木地直视着煨桑台边的朝圣者，他们正兴致勃勃地抛撒隆达，高声呼喊着“拉索——”。于我而言，拉则（一种小型宗教标识物或建筑）、经幡、煨桑、朝圣，就像恍如隔世的风景，在我的心里，激不起一丝涟漪。

“啊哈——我们的青蛙终于走到啦！”不知才旺师是从哪里冒出来的。听见这声音时，他已出现在眼前。

“起来！给我拍一张照片。”才旺师兴奋地说。

“不要。”我实在懒得动弹。

“起来吧！我们去转拉则。”

“不要。”

“那……也得起来啊！我们还得赶路。阿姨她们已经走到下一站了，不在这里哦。”

“不要。”我再也不想走了。

“你不要什么？”才旺师蹲下身，不解地望着我。

“我什么都不要！”我忽然提高了嗓门，歇斯底里地对他吼了一句。

一听说阿姨不在这里，我整个人都崩溃了，委屈与难过不可抑制地涌上心头——他们不知道我是如何坚持走到这里的，我已赌上所有的精力和心气，只为抵达这个目的地，期望与他们汇合；然而，才旺师却告诉我，目的地还在前面。这一次，我真的没有力气再追赶了。我已毫无保留地耗尽所有，没留下一丝气力。我向前方望了望，瓢泼大雨中，连一顶白帐篷的影子都看不见，实在无法走完这下一程。阿姨、哥哥和妹妹，你们已去我太远，我不得不放弃了。才旺师沉默地望着我，像是在等我平复情绪。

“对不起，才旺师……”我哆哆嗦嗦地说，“对不起！我真的走不动了，我想在这里休息。”

“你的摄影包还在哥哥那里，你不要摄影包了？”

“明天，我明天会赶上他们的。”

“你真的走不动了？”

“我真的走不动了。”

“你是不肯走了吧？”

“随便你说……反正，我不走了，真的不走了。”

“哦呀——你决定了哦。在这里坐着，哪里也别去，我去看看这里有没有住的地方。”

“我还能去哪里呢？”望着才旺师离开的背影，我苦笑道。

几分钟后，才旺师回来说："这里有住的地方，但很简陋的。""没有关系。"我伸出手，请他扶我站起来。他领我到一顶帐篷前，掀开门帘，说："这一间是这里条件最好的了。"除了门口留出的一小片空地外，挤挤挨挨的铺盖把帐篷塞得满满当当。里面很冷，没有炉子。没有电灯，在一只纸箱上，躺着小半根蜡烛。"就这里吧。"我脱下雨衣，不想把身边的铺盖也弄湿了。"除了方便面和热水，这里没有别的，可以吗？"才旺师又问。"可以。"说完，我就近坐在门旁的铺盖上。

先前见过的那只黑色藏獒也跟了进来，在高原草甸上行走时，我不记得曾见到过它。可它就这样顺理成章地出现在帐篷里，转了一圈，然后走到门旁的四人铺上，躺下，睡在我的旁边。

才旺师卸下背包，出去了。不久，他提着一壶白开水拿着一桶方便面进来，坐在我的旁边，一本正经地说："老师，天快黑了，我要赶紧去把你的摄影包追回来。按照你的速度，明天也不可能追上他们。从中午开始，你就已经慢他们太多。明天也不要再追了，你太累了。我们自己走，慢慢地，没有关系。我要在天黑前把你的摄影包带回来。你一个人，照顾好自己，就在这里休息吧。"说完，他便钻出帐篷，只剩下我和狗。

这是他第一次郑重其事地称我"老师"，听上去，竟有些不习惯；或许，是不习惯他那郑重其事的态度吧。

我打开方便面碗的盖子，撒了调料，浇上热水，关好纸盖，双手握着面碗，以取暖。帐篷里没有风，也没有雨，可我依然冷得瑟瑟发抖，手脚冰凉，不停咳嗽。这一次，我真的会有高原反应吗？感冒，发烧，肺水肿——传说中的高原反应症状会一一出现吗？我已顾不上其他，开始翻找才旺师的背包，出发前，我应该放进去了一些药品。折腾半天，只找到几袋板蓝根冲剂，连退烧药也没有——

真不知是大意还是过于自信了。吃完方便面，喝完热汤，把板蓝根冲剂全都冲泡了喝掉。身上渐渐起了一丝暖意。脱掉外套，钻进被子，把自己裹成粽子。然而被褥潮湿，捂不出一丝热气，反而越来越冷。这时，躺在一旁的藏獒挪了挪位置，靠着我的小腿继续睡觉。隔着被褥，一股温暖传递过来，想必是藏獒的体温，渐渐地，双脚也暖和了。只是额头微烫，恐怕有些低烧，没有退烧药，我只能静静地躺着，等待才旺师。

倘若明日低烧不退，咳嗽不止，我恐怕只能被送下山，送回出发的地方，这里不是正好有一条土路通往山下吗？——那么，这一切便都可以提前结束了。这是我期待的结果吗？在身心俱疲的最艰难的时刻，我承认，内心里确实闪现过一丝侥幸：渴望以病痛为由，早日结束这一切。

就这样迷迷糊糊地想着，直到迷迷糊糊地睡着。

不肯走老师

突然，一道强光把我惊醒，睁眼看，是才旺师在用手机拍照，自动闪光灯暴露了他的行迹。

“为什么要拍照？”

“哈哈——你跟狗睡在一起哟！”

“有什么不好的？”

“呀呀……才旺又说错话了！你的摄影包我拿回来了。”他高高举起手中的摄影包，给我看。“可惜，打湿了撒。”

“不要紧。它是防雨的。外面还在下雨吗？”

“就是……”

“……让你受累了，真是抱歉。”因为我的缘故，才旺师多跑了好几趟路。这一次，应是最辛苦的。帐篷外，天色已黑，风雨造作。

“没关系……你好吗？”才旺师坐在我的身边。

“我还好……你怎么样？冷不冷？饿不饿……要不要吃点东西？”

才旺师看着我，笑而不答。“哦，我忘了……你下午不吃东西的。”

“你真的还好吗？”他又问。

“也许……我可能有点发烧了。”我不想给他添麻烦，但我的存在，也许本身就是一个麻烦。才旺师伸出手，握了握我的手。我笑道：“你的手，比我的还要冷。”

“不要紧，才旺不怕冷……老师，你不要担心，才旺会陪你转完阿尼玛卿，然后把你平安送回寺院学校，就像才旺答应上师的那样。你不要担心，我们慢慢走，一周也好，十天也好，一个月也好，才旺会跟你一起走完的。”

他如此认真地说道，我只好默默地点了点头。

有一家人走进了帐篷，他们好像认识才旺师，一见面便热情地打招呼，用藏语聊天。其间，我听见他们在说“盖根”（老师），想必是在讨论我，接着又听见他们谈论狗，但具体内容却听不懂。我担心他们会像其他人那样轰狗，便直截了当地说：“不要赶走这只狗！它躺在我身边，正好给我取暖。”这家人的孩子听懂了我的话，翻译给他的父母听，众人哈哈大笑，到底是没有赶走这条藏獒。那一夜，这只雪中送炭的藏獒独占一铺，睡在我和才旺师的中间。

陆陆续续，又有些人进来，手电筒的灯光凌乱闪烁。我很难想象，这些朝圣者是如何借着微弱的灯光在风雨交加中穿越凹凸不平的高原草甸的。他们看上去神采奕奕，丝毫不显疲劳，走进帐篷，喝茶聊天，整理铺盖，不久，这间大帐篷便几乎住满了人。我已睡意全无，索性坐起身。才旺师在一旁不停地给我倒热水：“喝一点。”

“再喝一点。”

“我实在喝不下了。”

“最后一杯。”“再喝一杯。”

“真的喝不下了。”

“再一点点。”

——不知一晚喝了多少杯热水，竟然开始微微冒汗。我摸了摸额头，似乎退烧了。“我想我没事了。”我告诉才旺师。

“你不会有事的。”他微笑着说道。

……

“在达乔贡喀的时候，老师最可怜。”转完山后，一次闲聊，才旺师对我说，“她坐在那里，小小的，矮矮的，委屈地像个小孩子。跟我说：我不走了！我不走了！说什么也不肯走了撒。你知道吗？在浙江的普陀山，有一个‘不肯走观音’；现在，在阿尼玛卿的达乔贡喀，有一个‘不肯走老师’。我下次转山的时候，一定要带一支红笔，在达乔贡喀找一块大石头，写上‘不肯走老师’。然后，我再编一个故事，说，拜了这位‘不肯走老师’，就会学习好得很，跟这个‘不肯走老师’的学习一样好！今后，就会有很多人来拜你的这块石头哦——哈哈！”

“我真的有那么可怜吗？”

“可怜得很哦……你，拉则的不转了，长头的不磕了，隆达的不撒了。坐在那里像个木头，呆呆地，一动不动，好像这些跟你一点儿关系都没有。我想，你那么远地跑来干什么呢？不拜神，不持咒，不祈祷……这就是你在转山吗？我想，你可能真的是太累了，太可怜了。你不敬神，神却慈悲你。”……

第二天

九月十一日 星期四

雪夜

临近午夜，帐篷里又挤进两人，借着烛光，在人缝中寻找空隙，摊开被褥，和衣躺下，不久，便鼾声四起。才旺师坐在铺盖上，捧着经本，低声诵经，声音喃喃动听。这是他在做晚课。诵完经，他起身磕了三个头，这才钻进被褥，吹灭蜡烛。刹那间，陷入一片漆黑。

帐篷外，狂风大作，暴雨倾盆。刺耳的呼啸声，低沉的嘶吼声，连绵不绝的呜咽声，如千军万马般驰骋耳际。桅杆吱呀乱叫，门帘噗噗作响。雨点铿锵有力地击打着篷布，像蹩脚鼓手敲出的凌乱鼓点。“才旺师……才旺师……”我低声喊着，对方没有回应。真难想象，在如是境遇中，如何能睡着。这是我第一次在帐篷里过夜，脑海里总浮现出这样一幅画面：暴风忽然把帐篷整个儿掀了起来，篷布如败叶一般，在空中打着转儿，上下翻飞，想落又落不下来；在帐篷里酣睡的人们，猛然惊醒，吃惊地发现自己暴露在荒野中，如孤岛一般，无遮无拦。人们面面相觑，不知所措，任凭雨水浇注在自己的脸上和身上……后来，我不知不觉地睡着了。

再次醒来，果然是被惊醒的。帐篷外噼里啪啦一阵作响，不知发生了什么事，看看周遭，似乎一切安好。但那震耳欲聋的噼啪声，仿佛是敲打在我的每一根神经上，令人隐隐作痛。即便把头蒙进被子里，也无济于事。帐篷外，究竟发生了什么？在恐惧与好奇中，便又不知不觉地睡着了。

第三次醒来，是被才旺师叫醒的。他大声喊着“河北梨（何贝莉）——河北梨（何贝莉）！”仿佛唯恐其他人不知道我的名字。“好了，好了……不要再叫了。”我慌忙说道。“起床了撒！”“哦呀！”我学着他的样子答道。这一晚，并不觉得受冻，虽然风声和湿气让人以为很冷，但身体是暖和的——在没有墙壁，没有炉火，海拔五千多米的高原草甸，几乎是席地而睡——身体却是暖和的，或是借着众人的体温取暖，或因藏獒整晚依偎在旁；无论如何，我顺利度过了转山的第一晚。

醒来后，神清气爽，倍感轻松，整个人如同脱胎换骨了一般。我坐在铺盖上，就着热水，吃了些压缩饼干和巧克力。才旺师告诉我，今天又有了新的同伴：索白一家三口，还有一位阿卡（僧人）和一位觉姆（尼姑）。穿好鞋袜，推开门帘，我顿时为眼前的景象惊呆了：若非身临其境，诚难相信这白茫茫的一片大地就是自己曾经走过的地方——昨天还是碧绿草甸，今日便成苍茫雪原。为此，我不禁庆幸自己选择在达乔贡喀留宿，否则，定会错过这幅变幻莫测的风景。当我在帐篷前唏嘘不已地拍照时，其他的转山者已整装待发。

“走啦——走啦——”人们奔走相告，成群结对地上路了。

“我们也走吧！”才旺师说。

“等我一下啊！”我赶紧绕到帐篷后面的空地去“方便”。虽然在路上，生活习惯却没有太大改变，早上还是要解大手。只不过，在冰天雪地里宽衣解带之前，需先做一番心理准备。奇怪的是，我并不觉得酷寒难当，凉飕飕的感觉反而令人惬意。

借着黎明的微光，再次经过达乔贡喀的拉则群、石经墙和煨桑台，此时，我只能满怀遗憾地望着，默默离开。同行者已走远，我必须跟上他们的进度。昨晚，无论多晚，人们抵达达乔贡喀后的第一件事，就是举行绕转与煨桑仪式，然后才去寻找留宿地。如是，次日一早，即可毫无牵挂地赶路。而我却想当然地以为早上还会有时间朝圣，结果，我起得比他人晚，走得比他人慢。最终，因自己的倦怠，错过了朝圣的时机。

达乔贡喀，对我而言，还只是一个刚刚开始熟悉的名字。转山过后，我在书中找到如下讯息：

达乔贡喀，是格萨尔王的战马——马头明王化身江噶耶布的圣地，是玛卿转山沿途海拔最高的地方，有五千多米，位于阿尼玛卿峰南端的垭口。这处拉则屡经修复，是历史上由贡则赤加一日建成 108 个拉则中的一个。在一座圆形煨桑台的后面，十三个拉则和一座石经墙并行排列。其上，缀满哈达与经幡。第一个大拉则，以三层石砌高台为底座，供着一圈圈白石，此外，还供有一具马头白骨；在其周边，也散落着一些马头骨；底座上，有用柏枝捆成的插剑池，里面插着十三支五彩大铁箭。其余十二个拉则，底座依次降低，插箭池里供奉着一支铜制的金顶和数目不等的铁箭。每个拉则，都用牲畜毛捻成的绳子缠绕，且还挂有一小撮白色羊毛。

从拉则群的右边望去，有一座青黑色的金字塔形高山，山体巍峨，头顶白雪，连缀着整座玛卿雪山。这座雪峰就是玛卿的坐骑“卓希儿”马（即“白额神驹”）的圣地，远远望去，山形的确像一头体态矫健的马驹。传说，这匹白蓝色的玛卿神驹，本是马头明王的化身，配有金鞍、玉辔、绿笼头、日月金镫和宝珠装饰，威风凛凛，器宇轩昂。

达乔贡喀的拉则群主要供奉“卓希儿”马。人们相信，在此祭祀，风马畅通。我回想起自己在让姆山的草甸上休息时，蓦然看见的那座金字塔形的黑山，原来，它就是玛卿的坐骑“卓希儿”马——看似素不相识，却早已见过彼此。真不知，这是怎样的一种缘分。

无声告别

天空中飘着雪花，朝圣者把自己裹得严严实实，头戴线帽，面遮口罩，缠着厚实的围巾，穿着质地不一的雨衣，从鞋底到小腿处套着塑料袋做的简易绑腿，戴着手套的右手拄着拐杖，藏在袖笼里的左手攥着念珠。走在湿滑崎岖的路面上，我体会到手杖的用处。众人鱼贯而行，在一望无际的雪原上踩出一条条炭青色的曲折小径，那便是通向下一站的转山路。

在离拉则群不远的地方，有一面宁静的湖水，水面不大，清澈见底，映出幽蓝色的天光，如墨玉一般深邃。湖岸蜿蜒，嵌有薄冰。据说，这处圣湖名叫“措琼诺日依则”，以向玛卿供奉的形式而存在；或也有人说，这片圣湖是“卓希儿”马的寄魂湖。

往前不远，视线所及，遍地是大大小小的池塘湖泽，无以计数。相传，曾有许多天鹅（昂唯）栖居于此，而得名“昂唯靴当”（天鹅展翅滩）。在冰天雪地的湖池之间，晨风凛冽，草木皆冰，泉水寒冷刺骨，空气一尘不染，浓云密布中，似有无数神灵莅临于此，向玛卿护法供奉献祭。

大部分朝圣者绕开此地，循着车道的方向前进。才旺师驾轻就熟，带我径直穿过圣域。池水中，生长着一种如海带般的灰黑色水草。才旺师问我：“要不要吃一点‘海带’？这可是宝贝哦……”见我迟疑，他便作罢。除水草之外，我看见许多遗留在池边或水中的饮料瓶和包装袋，想必是朝圣者丢弃的垃圾；无论如何，这应该不是神灵们希望见到的景象吧。

同行者在雪原的另一端，越走越远，星星点点的身影，如蝼蚁般蹒跚前行。这景象宛如法国电影《喜马拉雅》中的一幕场景，唯一不同的是：电影中，人们顶风冒雪驱赶的是牦牛；而眼前，朝圣者于严寒中驱赶的却是自己。站在无边无际的雪原上，倍感人身之渺小；然而，正是这卑微的躯体与灵魂在发愿为一切众生的福祉而行走——一个人，真的能承载一切众生的命运吗？抑或，这就是朝圣者之所以存在的意义？

“你是不是又忘了持咒（念诵心咒）？”才旺师从我身边经过时，打趣道。

“是啊……”相较于同行的虔诚信众，我承认，自己至多是做出朝圣的样子。

“走过这道山岗，就能看见下一个驿站了。昨天晚上，阿姨他们就住在那里。”

“你追出了那么远？……”

“是啊！本来想带你去那里休息的。那个驿站没有建在垭口上，风雪小，海拔低，条件也好。大家都愿意去那里住。可是，我们的老师不肯走了呗，要住最不好住的地方——还好，”他快速打量了我一番，“老师今天好像又活过来了。”

“是——你的青蛙被玛卿护法解冻了。”我回敬道。

才旺师忽然定在前方，没有坐下，也未卸包，兀自伫立在远处，如顽石一般静默。以为发生了什么事，我急冲冲地赶过去。眼前，是一片和缓的坡地，狭长的河道横穿而过，其间，仅剩下一丝涓涓细流。河道的一侧，布满大小不一的砾石，石块以上窄下宽的方式有规律地摆放着，大石块上，垒有若干小石块——此般景象，绝非天成。

“这些石头是怎么回事？”我问才旺师。

“那是供石。”

“为什么要供在河边呢？而且，只在靠近我们的这一侧？”

“哈哈……我也不知道啊！”才旺师笑了笑，又说：“你没有看见供石的前面吗？”

“前面有条河，过河后，不远的地方有几顶白帐篷——应该就是你说的那个驿站吧。”

“哦呀——你再看。”

“看什么？”

“帐篷旁边，有人在向我们招手。”

“看不清……”我扶了扶眼镜，努力睁大眼睛，依然辨识不出才旺师所说的“人”。

“是阿姨、哥哥和妹妹。他们是想叫我们跟上吧。”才旺师猜测道。

“那就赶紧走啊！”

“追不上的——算了吧。”才旺师一动不动地站在原地。我这才意识到，他先前之所以立在高处一动不动，是为了与对方刻意保持一段距离，以示不再同行。

“真的不追了吗？”我遗憾地想：既然同伴在望，何不试试看。然而，才旺师主意已定，坚决地说：“不追了。”

“好吧……”静默片刻，我问道：“他们还在招手吗？”

“没有，已经转身走了。”

“不等我们了？”

“应该是的。”

向那望不见的背影，我怅然地挥了挥手——这就算是告别了吗？早知如此，同行时，就该更珍重对方才是。我只有与阿姨、妹妹的合影，那时，转山伊始，大家兴致勃勃，拍照留念；而哥哥一直在前方默默行走，如今，想努力回忆起他的样子，却发觉怎么也记不清了。本以为来日方长，却道是一朝别过，我甚至还来不及询问对方的名字。

转山之路，委实无常。

后来，整理摄影包的时候，我意外地在夹层里找到了一袋蛋糕。那不是我自备的食物，想必是哥哥在归还背包之前，悄悄放进去的，连才旺师都不知道这袋蛋糕的存在。

一双袜子

走下坡地，过供石阵，涉水越溪，步行几分钟后，抵达这处驿站。沿车道走来的同伴正坐在帐篷里喝茶聊天，才旺师领我走的是近道，却仍比对方慢了半拍。昨夜同宿的藏獒在帐篷前溜达，人们亲切地抚摸着它的大脑袋。听说，这只藏獒已绕着阿尼玛卿转了八圈，眼前，是它第九次转山。

掸落身上的雪花，走进一间帐篷。这里的伙食果然不错，可以吃到热气腾腾的素包子。才旺师虽是土生土长的安多藏族，但因长年生活在五台山，早已适应汉地僧人的生活习惯，终年食素，过午不食。转山沿途的驿站，若是藏族人开设的，多半只提供素食——虔诚的朝圣者，无论日常饮食如何，在转山期间，宁愿食素。不过，年轻人似乎并不讲究这些，他们喜欢吃方便面，那些放有肉干的调料包，也一并倒进热汤里。孩子们或许也是例外，索白的儿子仁增，一路都在大快朵颐地吃肉。同行的第一天，仁增问我：“姐姐，你吃不吃肉？我们一起吃肉吧！”未等我回答，索白抢先道：“佳嫫转山，肉的不吃撒！”我只好笑笑，点头称是。从此入乡随俗，与才旺师和索白夫妇一同吃素。

早餐过后，七人与狗再度上路。才旺师和年长的阿卡有说有笑，走在前面；觉姆貌似中年，挎着包裹，她的脚似乎不太舒服，走路一瘸一拐；索白背着行李，弯着腰，拄着双拐，步行缓慢；索白的老婆旺扎措总是紧随自己的丈夫，或行或停，形影不离；仁增活蹦乱跳，一路跑前跑后，像只快乐的小鹿。我暗自估量自己的新同伴，不知这一次能否跟上大家的脚步。

走着走着，我便又落在了最后。大家走路时，我在走路；大家休息时，我还在走路——只因走得慢，不得不比同伴耗费更多的时间。不知不觉，我们已走下雪线，青黄相间、砾石裸露的草原取代了白雪皑皑、湖泽遍地的荒野。气温慢慢升高，云层渐渐变薄，偶尔能望见阿尼玛卿的雪峰一角。同伴们的步伐，似乎也更快了。

道路泥泞，我的裤腿上溅满泥水，才旺师笑话道：“你就不会叉开两条腿走路嘛！”走路的姿势岂能说改就改。我没搭理他，却开始默默注意众人的衣衫与步态，不知何故，大家的裤腿都是干净的，就连旺扎措的裙摆和鞋边也是干净的。无论外部环境如何改变，同行者们似乎总能保持优雅而整洁的仪态；相较下，我就不愿再描述自己的邋遢之相了。

在转山路的左侧,出现一道延绵不绝的青灰色山崖,同伴告诉我,这座山崖名叫“香沃啪日智让”，即“长卧岩山”，是玛卿的舅舅。接着大家谈论起这位舅舅的“八卦”。

相传，玛卿本来想回到冈底斯圣地，不想在安多待了。但他的舅舅香沃啪日智让不同意。眼见玛卿面朝西方行将出发，香沃啪日智让索性躺倒在地，用身体挡住玛卿的去路。就这样，玛卿没能走成，只好以护法神的身份驻留于此。“这个舅舅真是厉害啊！”听完故事，我感叹道。“那是……舅舅嘛！”同伴呵呵一笑。香沃啪日智让也有独特的形象，据说，他右手持箭旗，左手拿镜子，骑着白狮，头缠拉脱。

沿着一眼望不到尽头的香沃啪日智让，不停行走，约有半日。这处圣地分为三个部分，分别是上香沃、中香沃和下香沃。我跌跌撞撞地跟着，能勉强赶上同伴们的进度。奇怪的是，才旺师却时常莫名其妙地落在最后。

一次，同伴们特意坐在草地上等我，见我走近，仁增兴奋地冲过来做翻译，他告诉我：觉姆的袜子太薄，鞋子把脚磨破了，问我有没有袜子可以给她穿。走近一看，觉姆果然光脚坐在地上，运动鞋撩在一边，袜子已不知去向。为了转山，我特意准备了三双厚袜子，两双已穿在脚上，还有一双应该在才旺师的登山包里。

走到觉姆身边，我安慰道：“别着急，我有一双袜子可以送给你。但袜子不在我这儿，在才旺师的背包里。”可是，话音刚落，我便后悔了——后悔的不是送袜子，而是提及才旺师的背包。此时，仁增已口无遮拦地翻译出来。大家听罢，顿时目瞪口呆地望着我。我只好讪讪作笑，不再解释。我能想象同伴的诧异与不解：阿卡触碰女人或女人的物件本已是触犯禁忌，更何况是背着女人的私人物品转山！

这日清晨，趁我熟睡，才旺师起身收拾行李。他悄悄地把我的摄影包里的东西全都装进自己的登山包里，才叫我起床。出发前，背上摄影包，我忽然发现重量轻了很多，开包一看，里面空空如也。

询问才旺师，方知所以然。问他索要，他却不还，僵持不下，便只好这样上路了。表面看来，他还是背着他的包，我还是背着我的包，但里面的物件早已乾坤大挪移——本想当作两个人的秘密，如今却无法再隐瞒。

才旺师姗姗来迟，我赶紧迎上去，向他说明情况。不曾想，对方瞪圆了眼睛，厉声说："她的袜子破了，商店里买撒。""前不着村后不着店的，哪里有商店？""你的袜子，你自己不穿吗？""我脚上穿得有！""我不知道袜子在哪里。""你的背包里，找找看！"打量我主意已定，才旺师笑着横了我一眼，这才卸下背包，坐到地上，众目睽睽之下，开始翻找袜子。他掏出各种各样的东西，他的法本（经书）、我的毛衣、他的袈裟、我的纸内裤、各种食品和药物……同伴们好奇地盯着各种物件，一会儿看看才旺师，一会儿看看我——我真恨不得找个地缝钻进去。好不容易，找到一只袜子。"还有一只呢？"我问。"不见了。""怎么可能？我来找！"见我穷追不舍，才旺师只好继续掏包，终于，另一只袜子也出现了。我已顾不得颜面，拿起袜子赶紧送给觉姆。觉姆轻声说了句"谢谢"。我摆摆手，以示不用客气。才旺师一边把散落在外的物品重新装回背包，一边逗趣道："我看你有多少东西好送，昨天送了一条裤子给妹妹，今天送了一双袜子给觉姆，明天你还要送什么？""明天的事，我怎么知道？"我笑着对他说。

才旺师的善意，我心领神会：他不希望我过早把各种给养和备用品送人，这才是转山的第二天，谁也说不清接下来会发生什么；他不希望当我需要这些物品时，因缺失而陷入困顿。然而，相较于此，我更不希望日后在回忆此行时，懊悔当初没能送一双袜子给跛脚的觉姆。

疼痛与消业

前方出现了一处圣迹，远远地便能望见一块缠着经幡和哈达的巨石。大家欢呼雀跃地奔过去，穿过一片浩瀚的供石阵，来到山坡上的巨石前。这块巨石突兀地出现在平缓的坡地上，无着无落，委实神奇。才旺师翻遍整本圣迹志，也没有找到关于这块巨石的说明文字。虽然未明就里，却也毫不妨碍朝圣者的信仰，人们照例绕石三圈，磕头顶礼，献上哈达，系挂经幡，供养（佛教用语，指以珍宝、饮食、衣服、卧具、汤药、燃灯、众华、众香、幡盖等供给如来和善知识）钱财。巨石的石壁上，贴满了用酥油粘住的面额不等的纸币。

朝圣完毕，继续赶路。眼前是一片视野开阔的坡地，供石阵一直延绵至土石公路的近旁。顺着公路延伸的方向，望去，似乎快要抵达香沃啪日智让的尽头。人们时而走在高低不平的山道上，时而走在宽阔平坦的公路上，取舍判断，视距离目的地的远近而定。前方有处矮矮的垭口，那里会是我们中午歇息的驿站。

走在公路上，身边不时有皮卡、越野车、面包车呼啸而过，若是朝圣者的座驾，车子上会插有彩旗，车厢里会堆满给养。经过我时，车里的人和车外的人，难免会好奇地相互探看。发觉我是一个汉族女人后，人们偶尔会竖起大拇指，偶尔会扯着嗓子问：“你哪里来的？”而孩子们则像在动物园里见到了大象或犀牛一般，肆无忌惮地高声呼喊：“佳嫫——佳嫫！”

一路上，朝圣者之间的问候语也在发生变化。昨天，大家总问我“走路累不累？”今天，却问我“腿子疼不疼？”听到这样的问话，我总会笑着摇摇头，说：“不疼，不疼！”确实不疼。只是，时间久了，难免心生疑惑。

“难道，今天应该腿疼吗？”我忍不住问才旺师。

他哈哈一乐，说：“腿子疼好啊……消业嘛！疼一疼是好事，不用怕。”

“可是——我的腿不疼啊，怎么办？”

“继续走呗！”

除了业障，导致腿疼或脚疼的一个客观原因可能是大家穿的鞋子不适合长途跋涉。觉姆穿的是运动鞋，索白夫妇穿的是解放鞋，才旺师穿的是在地摊上买的 35 块钱一双的“球鞋”。略微好些的，是假冒的耐克或阿迪达斯运动鞋；偶尔，也有特步、李宁之类的国产运动鞋。这些运动鞋或解放鞋，鞋底轻薄，平常走路或许还行，但若要经历持续数日路况复杂的山路，恐是难以担当保护足底和脚踝的职责。

面对身边这些以日常装束转山朝圣的信众，我不得不羞愧地承认，自己的登山鞋过于昂贵——是我此行最昂贵的一件装备，只为转山时能保护双脚。然而，诡异的是，当我试图以顶级装备呵护自己的肉体时，那些本应承受的苦痛，似乎也离我远去了。

终于走到香沃啪日智让的尽头，玛卿护法绕不过去的“身躯”，被朝圣者一步一步绕了过去。不远处就是垭口，那里立着几顶白帐篷。朝圣者在帐篷周边席地而坐，拿出自备的干粮，或是在帐篷里买些食物。才旺师帮我和了糌粑，糌粑是索白家送给我的。他自己吃了两包方便面，而被仁增笑话为“猪八戒”。索白夫妇和阿卡、觉姆吃的是饼子、糌粑，喝的是藏式奶茶。仁增吃的是泡面，喝的是速溶奶茶。相较于方便面，我始终认为糌粑是更健康的食品，只要有糌粑，我就不会选择其他食品。索白夫妇似乎不太理解我的口味，但仍以一副颇为欣赏的目光看我把一碗糌粑吃得干干净净。

午餐过后，才旺师告诉我，他、阿卡和索白一家要去附近山上的一个修行洞朝圣。由于山高路远，他不建议我去，并宽慰道：“我带上相机，帮你拍几张照片就可以啦！你休息着，然后自己先走，行李留在这里，觉姆会照看的。”既然他已有安排，我便恭敬不如从命。

说罢，一行五人向驿站后面的一片孤山走去。这几座貌似平常的青岩山峰，伫立在转山必经之道上，是玛卿占卜师和禳垛师的圣地，名为“貌瓦朵瓦”。在貌瓦朵瓦的后山下，有一间土木结构的小房子，依山石而建，夏嘎巴措周让卓（一位藏传佛教宁玛派活佛，出生于1781年）曾在此长期修行。才旺师一行人想要朝拜的地方，就是这处修行岩洞。与其他圣迹一样，岩洞四周布满经幡和哈达。想来，绕行至此，瞻仰圣迹的朝圣者一定为数不少。据地方文献介绍，这间土房是于2002年依照喇嘛切央（当地称为“济公活佛”）的旨意而重建的。在貌瓦朵瓦面朝玛卿的那个方向，山脚下有一面湖水，水面不大不小，恰好倒映出玛卿雪山的优美身姿。

相传，夏嘎巴在这间静室里修行多年。那时，有两只野鸭长居湖中。后来，有一只不幸被鹰捕食，夏嘎巴便唱诵很多经文，超度它。有一天，玛卿雪山升起一朵祥云，云中，一个红色身影骑乘红马披挂全副红盔甲的形象出现，夏嘎巴便以道歌的形式向来者搭话，来者称赞他：利益众生的喇嘛仁波切是莲花生大师的旨意所然云云。附近的很多野兽如野牦牛、石羊、野鹿，以及各种鸟类如仙鹤、野鸭，听闻道歌，纷纷服法，只有一只野狼未被降服。此地殊胜，据说有很多圣人在此一睹玛卿与格萨尔的尊容。

不知才旺师想在静室逗留多久，休息片刻，我开始整理才旺师的背包，把先前拿出来的各种食品、用具再一一装回去。既然同伴们已知道我和他的东西混于一处，也就无所顾虑了。觉姆在一旁收拾自己的包裹，完毕后，她向我比画着，表明自己想要先走。我不禁一愣，随即点点头，以示理解。觉姆起身，背起包裹，颤颤巍巍地离开了。

此后，我再也没有见到过这位觉姆。

过了一会儿，阿卡回来了。他开始拆卸自己的帐篷。这位阿卡，是我沿途所见唯一一个自己背帐篷的人。见他颇为费劲地装袋，我试图出手帮忙——虽然并不确定对方是否愿意我碰他的东西。想不到，阿卡默许了。于是两人合力，很快就把帐篷收进了口袋。这时，才旺师和索白一家也回来了。见我留在原地，才旺师有些吃惊，问我："觉姆呢？"我答："觉姆想先走，所以我留下来看行李。"才旺师不再言语。

稍候，他向众人宣布："你们先走，不要等我，我会跟上的。"随即，催促我跟仁增赶紧出发。

我们，终将殊途同归

出驿站，沿着貌瓦朵瓦的"后背"一直往下，小仁增像兔子一样四处窜行，我紧随其后，借着聊天，让他放缓脚步。

"你的爸爸跟才旺师很熟悉吗？"

"哦呀！他们从小的好朋友！"

"从小的？"

"都在寺院里撒！"

"哦……难道你的爸爸以前也是出家人？"

"哦呀！红科寺的和尚撒，阿卡才旺的一样！"

"哦……"

"爸爸现在的不是。"仁增径自说道，"回家了撒，有妈妈、姐姐和我。爸爸，司机的是，厉害的哦，开车——"仁增做出手扶方向盘的姿势，一溜小跑，如猛踩油门一般，然后又冲了回来，继续说：“厉害得很！妈妈的在家撒。”

“妈妈不用工作？”

“妈妈工作的没有。妈妈，虫草的厉害撒！一个人挖，一天多多的。我和爸爸的一起，不多撒。”

“你的意思是,你和爸爸挖一天的虫草没有妈妈挖一天的多？”

“就是，就是！”

青海省果洛州是虫草的主产区之一。每到虫草季,当地的藏族人，无论大人或小孩都会上山挖虫草，为此，学校还会给学生放虫草假。六月，在前往红科寺的途中，格加师父指引我看，那些在草坡上埋头缓行的人就是在找虫草。这里的虫草，几乎全由当地藏族人采挖。当我半开玩笑地对仁增说，明年挖虫草，带我去看看时，这个孩子却一脸认真地告诉我：“挖虫草的时候，汉族人不可以看！”

采完虫草，晒干后，当地人会拿到县上或城里兜售，换回钱后，虫草便与他们再无任何干系。做虫草生意的人，多是青海的回族人或外地的汉族人，如今，也有藏族人参与其中。

仁增的妈妈虽然不工作，但每年挖虫草的收入，若以熟手论，足够支撑一家半年的开销。在牧区，妇女们不用外出务工，家里的大小事务实际已足够耗尽她们的精力与时间；再加上挖虫草，女性在家庭经济中的作用，着实不容小觑。

虫草带来的收益，固然令人艳羡，但通常，出家人不可以介入这件事务，因犯杀生之戒。有些严苛的出家人甚至会劝阻自己的家人去挖虫草。有的出家人则会帮家人卖虫草。或也听闻，还有出家人自己去挖虫草的。总之，各地风俗、习惯不同，绝非三言两语所能概括。

走到山脚时，索白夫妇、阿卡和狗追上了我俩。他们一刻不歇地继续赶路，仁增随他们一同去了。留下我在最后——也许，我并不是最后一个，回头望，才旺师仍不见踪影。

再往前，是一处陡转直下的碎石崖，崖下有一条乱石遍地的河道。每年，玛卿雪山融化的雪水会顺着这条河道流向下游。日积月累，河道既深且宽。此时是枯水季，冰冷的雪山融水在石缝间浅浅流淌。对岸，一条又陡又窄的山道倾斜而上，朝圣者自然而然地排成一列，依次登山。

我坐在水边，从这里望过去，正好可以看见玛卿雪山的山峰。一位背着书包的年轻阿卡快步上前。他走到溪水边，捧一把水，洗了洗脸，又喝了几口。抬头，看见我。笑着说："你哪里来的？"

"北京。"

"你一个人吗？""不是，我有同伴。"

"哦……"他若有所思地点点头，又问："走了几天？"

"这是第二天。"

"哦呀！你走得快啊……我也是第二天。"

第一次听见有人夸我走得快，好生得意。阿卡见我胸前挂着相机，自告奋勇地说："我帮你拍照片吧，后面是玛卿雪山撒！"我点点头，把相机递给他，他熟练地按下快门，还给我相机。之后，阿卡启程，我继续在河边休息。

不知为何，与阿卡的短暂遭遇让我忽然意识到，即便没有固定的同伴，一路上也可以时时搭伴。遇见进度一致的人，就一起走；若有不一致的时候，便各自走。聚与散，随顺自然，大可不必将这变幻莫测的情势放在心上。

这么想着，不禁释然。

走出河道，大部分朝圣者开始沿公路前行。公路虽然平缓舒适，但其右侧恰好有一道山岗挡住了玛卿雪山的下半部分。眼见同伴走远，心里反而不着急了。索性爬到岗上，看看无遮无拦的玛卿雪山。

站在高处，玛卿一览无余，姿态各异的山峰毗邻接踵，延绵不绝的山脉巍峨耸立。山顶上，白雪皑皑，密云翻涌。山与天，仿佛连为一体。我分不清哪一座是玛卿的主峰，似乎每座山峰都遗世而独立。远远地，我忽然发现山下有一个熟悉的身影在缓慢移动——橙红色的背包罩配着喇嘛红的僧服，原来，才旺师没有在身后追赶我们，而是悄悄走上了另一条转山路。那条山路，距玛卿更近，但离下一个驿站更远。或由此因，他才将我托付给同伴，独自踏上这条转山路。

既然做出这样的决定，至少，也该告知一声吧。望着那个沉默的身影，我无比怅然地想。

不想返回原路，也无力跟随才旺师的足迹，我沿着低矮的山脊向前走——我们终将殊途同归，在空旷的谷地中，不必担心迷路。前方的三两处驿站，已遥遥在望，随身携带的背包里有钱，我可以买到食物、水和床位。无须等待，亦不必追赶，我打算按照自己的节奏行走，走在自己探寻的转山路上。

独自行路

最后一次见到阿卡，是在距离玛卿心脏最近的地方。在一面山坡上，有一个用红色幡旗组成的三角形，作为“心脏”的标示。心脏的前面，有一大片经幡阵。索白一家、阿卡和狗靠在一块大石旁休息。我走下山脊，回到主道，不久便遇到了他们。“阿卡才旺没有来撒？”仁增向我喊话。“不用担心，他走了另一条路。不在后面，在我们的旁边。”我解释道。

仁增翻译给他的父母听，索白若有所思地点点头。大家稍息片刻，继续赶路。起初，六个人还能走在一起，爬过几道上坡后，我又不紧不慢地落在了后面。

沿途经过几处驿站，每到这时，我便会不由自主地想象自己的同伴此刻正坐在里面喝茶。然而，帐篷里空空如也，有时，甚至连帐篷的主人都不知所踪。我终于意识到，除一日三餐之外，朝圣者是不会浪费时间坐在帐篷里喝茶聊天的。

看不见同伴的身影，路上的朝圣者也越来越少。人群总是如潮水般一浪一浪地向前推进，若置身于两座波峰之间，那么，四周就会宁静得好似了无人烟——走在这条路上，我便处于如此境遇之中：见不到一个行者，也没有一辆擦身而过的汽车，驿站零零落落直至完全消失。好几次，我甚至怀疑自己走错了路，可是放眼望去，已无他路可循。

脚下的公路，呈现出荒凉的煤灰色，不只是公路，公路两旁的坡地也是这般凄凉。地上寸草不生，怪石嶙峋，施工痕迹俯首皆是，却无机械与工人——行走其间，犹如迷失在废弃的煤矿地中。眼前的群山，顶着稀薄的白雪，山体裸露在外，不着一丝植被，砾石与沙土在光影中幻化出干涩的面容：青黑、焦黄、深棕或是灰褐色。这片了无生机的土地，想必是 2004 年 2 月一次大冰崩的产物。

我不知在这里走了多久，孤单与枯燥将这段旅程放大至无限漫长。

终于，有三顶白帐篷如灯塔般出现在前方。一条便道与公路分道扬镳，蜿蜒曲折地通向白帐篷。我毫不犹豫地离开公路，走上便道——转山公路边不会有驿站，一天抵达的车程，无须中途停顿；有白帐篷的地方，才是转山步道必经之处。

帐篷附近，有一群磕长头的朝圣者。我追上他们，问这里距离下一处驿站还有多远。对方告诉我还有一个小时半的路程。此时，距离太阳落山大约还有三个小时。我走得再慢，即便用多出一倍的时间，也能在天黑前找到住的地方。仔细估算后，我决定继续赶路——不知前方是否有人在等我，我已太久没有见到自己的同伴，也不知才旺师身在何处，山中没有手机信号，况且手机也在才旺师的背包里——我必须小心规划自己的行程。

炭灰色的土地在白帐篷伫立的地方戛然而止，代之以熟悉的高原草甸。缓坡一路向下，深入悠长河谷。谷中长满灌木，郁郁葱葱，与先前的蛮荒之境截然相反。随着风物的变化，人的心情也起起落落。我轻快地走进谷里，眼见朝圣者如精灵般纷纷冒了出来。

小径两旁，出现越来越多的供石。有些是垂直往上垒砌的，有些则平摊在地上，摆出各种各样的形状，如心咒、房屋、动物、宗教符号、几何图案或复杂的具象图画。垂直垒砌的石头多为深色，平摊在地的石头则是白色，体量较前者要小很多。我一边兴致勃勃地观看，一边猜测它们的来由和功能，可惜时间短暂，否则，真应该一一拍照记录，那会是一份内容颇丰的供石图样集。

一群在路边休息的朝圣者好奇地打量我，问："你一个人吗？"

"不是。"

"你的向导呢？"

"向导？"我愣了一下。对方见我是汉族人，想必以为是一个游客。也罢，不做解释。告之："有的人在前面，有的人在后面……"

对方听后，哈哈大笑，感叹道："还有这样的……"我只好跟着笑笑，无意间瞥见了放在地上的奶茶壶，顿觉口渴，希望对方能邀我喝茶。逗留片刻，见对方并无此意，便悻悻然地走开了。我的暖水壶和给养都在才旺师的背包里。

途中，偶有山泉流过，赶紧洗手捧水，含在口里数秒后，咽了下去——只因泉水太凉，怕直接饮用会伤胃。泉水甘甜，自然解渴。

我开始留意身边的灌木，看看有没有可以吃的果子。去年，在前往宗工布溶洞（位于西藏山南地区扎囊县境内的一处圣地）的途中，一位堪布（传授出家戒或近圆戒的僧人，若作为寺院的职务，相当于汉地寺院的住持或方丈）曾教我辨识过几种可以食用的野果和野菜。如今，这些随缘偶得的经验全都有了用处。就这样，累了便休息，渴了喝山泉，饿了找果子，一人行路，任性自在，倒也快意。

天色渐晚，期料中的驿站迟迟未现。不知是自己的心绪起了波澜，还是谷中的风景因时而化，总觉得某种改变悄然而至——尽管这微细之别，不过在纤毫之间，却已足够撼动我的每一个毛孔，每一次呼吸，每一分感觉。谷中万物，仿佛在晨昏更迭之际悄然苏醒，无数双眼睛蓦然睁开，静静注视着匆匆而过的访客。路边垒石，舒展着身躯变幻着姿态，一缕青烟般的气息从石中涌出，飘荡、汇聚、如雾霭般越积越浓，轻轻笼罩着一切，包括我。草木山泉，轻柔纤细，枝藤交会盘绕，流水肆意漫行，如织网般汇成一幅无形无影的幕布，将山谷隔绝为另一个世界。这个世界，既未昭示善，亦未表露恶，只是坦荡无遗地呈现自己。任何价值判断与经验常识，一旦遇见它，便于顷刻间土崩瓦解。然而，我尚未做好准备去感知这个世界，以致设身处地时，心头难免掠过一丝慌张。

走在曲折的羊肠小径上，朝圣者之间的距离渐行渐远。不知为何，总感觉身后有人相随，回头望去，除了山石草木，并无旁人。于是继续赶路，不久，又觉有人尾随而至，回头再看，依旧空无一人。虽知来者无善无恶，但，如此三番五次的折腾，令人不禁精疲力竭——这片充满灵性的谷地，究竟意欲为何？

我拿出自己的水晶念珠。随身携带的物件，除了身份证、相机和钱，便只有这串念珠了。左手捻着念珠，低声吟诵莲花生大师的心咒。无色水晶在夕阳中熠熠生辉，折射出五彩斑斓的光泽，令人忍不住想要观看。不知不觉，就在凝神注目之间，神思汇聚，心绪亦渐渐平稳。如是，不知又走了多久。

重逢

前方，是一片碎石坡地，朝圣者用双脚踩出了一道浅浅的细痕，我小心翼翼地踩在碎石路上，唯恐稍有差错，坠入坡底。行至半道，忽见一个小小的身影飞蹿而来，他立在我面前，笑嘻嘻地说："姐姐啊！你走得太慢了撒！"定睛一看，原来是仁增。

"姐姐，你的佛珠？"仁增留意到我手上的念珠，问道。

"是啊！"我举起念珠，给他看，并问："你的爸爸妈妈呢？"

"在前面等你撒。还有狗。阿卡先走了，不见了。我看到你，来接你撒！"

我向前方望了望，不远处的灌木丛中，确有人影晃动。仁增见到我，开心得又蹦又跳，毫不忌惮自己是站在碎石危路上。我拉住他，牵着他的手，两人一前一后慢慢走。"你的手有点凉，冷吗？"我问。

"不冷，不冷——"仁增回头，莞尔一笑。这是一个无论我走得多慢都会等我的同伴，不止一个，还有索白、旺札措和狗。

穿过碎石路，终于与索白夫妇汇合。索白赶紧递给我一瓶饮料，想必是知道我的水壶在才旺师那里。早知他们在等我，我会走得更快些。但转念一想，走得快也无济于事，还有才旺师没到啊。

索白夫妇依旧坐在原地，望着身后的山谷：他们还想继续等才旺师。"不用在这里等。他说过，会跟上的。"我提议，"我们还是先走吧。""那个人，阿卡才旺的是？"索白不死心，盯住远处的一个人影，问道。仁增说："你的相机我看看撒，那个能把人放大！”“没用的，离得太远。”话虽如此，我还是把相机递给了他。

果然，仁增看了一会儿，仍无法确定。索白起身，拍拍衣服，背上行李，扶起老婆。仁增唤起狗，大家一同出发。说是赶路，却走得格外慢，彼此心照不宣，还是在等阿卡才旺。不久，索白如发现新大陆一般，惊呼道：“阿卡才旺撒——”我应声回头，似乎看见一个红色身影在快步疾行。不久，那人追上我们——才旺师终于出现了。

“你们好吗？”才旺师大声问候着，一脸轻松的样子。见我不理不睬，于是搭话道：“老师，你今天走得快撒！才旺师差点儿就追不上了。”可我还是不想理他，便自顾赶路。才旺师又打趣道：“刚才经过一个白帐篷，我问那里的人：你们有没有看见一个穿红衣服的佳嫫啊？他们说：有，有——有个佳嫫哭着走过去了撒，呜呜呜……”言毕，他用双手捂住眼睛，做出一副正在哭泣的样子。

被他如此戏谑，我不禁埋怨道：“你自己要绕远路，来得晚，何必也要把别人想得这么不堪？我哭，我为什么要哭？因为才旺师你不在身边，我就得哭吗？……”

才旺师一听气氛不对，只好悻悻走开，跟索白一家去聊天。过了一会儿，他又折转回来，问道：“你担心我了？索白说，你看见我不来，很着急，一直在往后面看，不想走的样子。你在担心我吗？”

“担心你？”我停住脚步，望着他的眼睛，郑重说道：“是的，我担心你。当我发现你走上另一条路，却没有事先告诉我们的时候，我担心你。如果你在路上崴脚或摔伤，怎么办？如果你爬冰川时掉进冰缝里，怎么办？如果你的背包坏了，怎么办？如果你遇到什么事故，怎么办？……没有人知道你在哪里。如果不是侥幸爬上山岗，看见了你，我也不会知道你走的是另一条转山路。等你不来时，我们甚至不知道去哪里寻找你。你就是这样对待同伴的吗？做决定，是你自己的事，但告知同伴，是你应尽的义务。否则，你要同伴做什么？难道只是为了照顾对方吗？我担心你，不是因为害怕自己没人照顾，而是因为你是我的同伴，我也有关照你的义务。可是，你却什么也不说就自己走了。好吧，如果是这样，我也尽可以自己走，随便搭伴。你以为我不能独自转山吗？没有水壶时，我可以自己找泉水喝；没有带干粮，我可以自己买着吃。你以为没有才旺师，我就只剩下哭泣了吗？”

一时忍无可忍，我索性和盘托出，试图与才旺师理论一番。他似乎被突忽其来出乎意料的情形弄懵了，良久才说：“我是想爬冰川的，但路太远了……怕回头追不上你，所以没去……”稍后，又说：“泉水还是少喝，太凉了，如果拉肚子怎么办？泉水是好，你不一定能习惯啊……还有，我觉得……嗯……还是一起走比较好撒。”

见他一脸慌张，我无可奈何地叹了一口气，心想：这个人恐怕永远也不会明白我的意思。

争执

转过一道弯，远远望见从驿站飘出的炊烟正冉冉升起，大家不由得加快脚步，顺着下坡，飞奔而去。此时，太阳已落在山后，越过山脊的余晖把天空映照得清澈透亮，如夜幕降临前的最后一丝微温。这次，我和同伴们一起抵达了宿营地。

驿站所在地，是玛卿的大门（研究论文上说是东大门，导游指示牌上则写的是西大门），名为“先巴格个钦莫”，意为“绸制弥勒大佛像”。这处圣迹，是一面平坦的碎石斜坡及其石崖。导游指示牌提示：

坡体延绵约 1 公里，岩性为三叠系闹仓坚沟组灰色石英砂岩、粉砂质板岩、粉砂岩夹硬砂岩，顶部生物灰岩。这里是阿尼玛卿雪山的西大门，白度母（又称增寿救度佛母，是观世音菩萨的化身）的圣地，山体上有颜色各异的大石崖，自然形成的弥勒佛像，于雨后更显壮丽。朝圣者传闻：这里是玛卿的西大门，下雨时，山体会变幻出七彩颜色。此外，岩石上还有自然显现的孔雀、海螺等奇妙图案。

由于圣迹就在驿站旁的马路对面，求宿者众多，才旺师和索白决定先去落实住的地方。依旧是住帐篷，但与别处不同，我们住的这间大帐篷里，除了一排通铺，还设有六顶双人露营帐篷，就像单独隔出的六个小单间。大家商量，我和旺札措住一间，才旺师、索白和仁增住一间。安顿完毕，遂去朝圣。

山坡上，有一处小石崖，据说，那就是自然化现的弥勒大佛像。如今，山崖上遍布经幡，已看不见那尊神奇的石像了。山坡下，就着狭窄的空间，立有几根经幡柱，没有煨桑台，一间矮小的铁皮房做供灯室。朝圣者在马路上对着高高的石佛像磕长头。几个想挂经幡的信众匍匐在坡地上，谨慎地挪动双脚：因为每走一步，都有可能带起碎石滚滚落下。我随旺札措在路边礼佛，当额头触在坚硬的砾石上时，有种隐隐的感觉，难以名状。之后，跟才旺师在供灯室里点灯。仁增大声朗读导游指示牌上的文字，问我，写这么多“岩”是做什么用的？我也说不出所以然。看标识，原来国家已将这片圣域“定义”为地质公园。但在朝圣者看来，也许只有导游词中的最后一句话，才显出些许意义。

晚餐，是在一家汉族人开设的餐厅里吃的，就在马路边。当才旺师带我们走进这家店时，我有点吃惊，问他：“你不是不吃晚饭吗？跟我们来做什么？”他笑而不答。餐厅布局，依藏族人的习惯而设。藏式坐榻很宽，既可做椅也可做床。店老板如法炮制，摆出几张行军床当座椅。我和仁增刚坐稳，那条一路跟随的藏獒便顺势跳上来，趴在身后，静静休息。

我和索白夫妇各要了一碗安多面片，在才旺师的坚持下，又点了炒土豆丝和白菜炒粉条。等餐时，店老板焦虑地围着我们这一桌转来转去，终于，忍不住说："把狗赶出去吧？"

"为什么？"我问。"狗很脏！"老板斩钉截铁地说。"脏？哪里脏了？这里是圣地，你是说圣地很脏？还是，你的餐厅很脏？"我反问道。对方一时哑口无言，只好作罢。

安宁片刻，店老板又开始在一旁唠叨。仁增听懂了，起身抓住狗脖子，试图把藏獒拖走。"别理他。"我阻止仁增。

"喂，我说……狗有病，身上有虫。赶紧把它弄走！"店老板的口气有些不客气了。

"你是兽医吗？你的哪只眼睛看出这只狗生病了？你说它身上有虫，昨天晚上，我就跟它睡在一起，难不成我的身上也有虫咯？要不，你也把我赶走算了，这顿饭我们也不吃了，你也不要做我们的生意了。"既然如此，我也不客气了。店老板见状，缄默不语，瞪着狗，脸色铁青。索白夫妇头一次听我用这么生硬的语气讲话，不禁愣住，旋又埋下头，自顾吃饭。才旺师自然明白我在讲什么，坐在一旁偷着乐。

固执的店老板，一边殷勤上菜，一边软磨硬施想用各种方法撵狗，但每一次都被我挡了回去。索白终于弄明白我们为何争执，他拿起拐杖，想要轰狗。我立刻叫住他："狗没有错，它是我们的同伴，为什么要赶走它？索白，你不要管这件事，也不用听这个人的话。"才旺师不失时机地翻译成藏语，对方听闻，只好坐下。

因与店老板较劲，我这顿饭吃得格外漫长，索白夫妇放下筷子，等我，我告诉他们："如果吃饱了，想先走，就不用等我。"对方笑而不答。这时，店老板忽然悄无声息地拿起火镰，意欲袭狗；我抓住他的胳膊，厉声喝道："你要干什么？话说打狗看主人，你是不打算要这顿饭钱了？等我几分钟，吃完饭，就会把狗带走。"

话虽强硬，却只是徒增伤感。我无可奈何地望着这个店老板，两人不约而同地陷入沉默。

我匆匆吃完，示意大家可以离开了。出人意料的是，索白却拿起筷子，夹菜吃饭。原来，他们担心菜量不够，便等我先吃完，方才继续吃。这顿饭是才旺师请的，他选的餐厅，点了炒菜，想必是希望我能吃到一顿有蔬菜的晚餐。买完单，他才离开。

"我得先把狗带走，不能等你们了。"我对索白低声说。仁增翻译，索白点头。

我随即起身，对藏獒轻唤"呜……卓！卓……"

不知藏族人如何使唤狗，我只好用自己的方式。小时候，家里养过狗，便是这样招呼的。不曾想，这只藏獒应声而起，站在床上伸了一个懒腰，仿佛什么事也没有发生，然后乖顺地跳下来，随我走出餐厅。

才旺师在隔壁的商店里买鞋垫。今日，他的双脚已不堪重负。

我独自回到大帐篷。每次与人争执，无论输赢，心里都会难过；而这一次，因驱狗之事，我不只难过，更觉痛苦。"老师，你不开心吗？"才旺师走过来，问道："还在生才旺的气吗？"

我摇摇头。

"才旺在玛卿的'心脏'，给你捡了好看的石头。"说罢，他摊开手掌，里面安静地躺着几块小石头。"喜欢吗？"

我点点头。

"老师，你为什么不说话？"

我勉强笑笑，说：“不知该说什么……”

“哦呀——”才旺师把石头放在我身边，离开了。望着这个令人温暖的背影，不禁百感交集。

这一夜，我早早地躺入属于自己的那顶小帐篷，随后，藏獒也钻了进来。假装睡去。

第三天

九月十二日　星期四

足下生风

旺札措静静地钻进小帐篷，她赶走了狗。这顶露营帐篷实在容不下两个人和一只狗。藏獒顺从地离开，躺在外面，继续睡觉。旺札措脱掉衣裙，摊开被褥，靠在我旁边，很快就进入梦乡。我辗转反侧，如同出发的前一夜，不能入眠。

大通铺上，住着四位僧人，有老有少。晚上，他们捧着传统式样的法本，集体诵经，神情安宁，声调持稳。转山路上，遇见的僧人并不是很多，有的独自前往，有的结伴而行。对于僧人转山，似乎也存在不同的理解。有人认为，转山对于在家人来说更重要，因为拜的是地方神、护法神，主要为了积累功德、祈求平安；对于有些出家人来说则不然，因为出家人信仰的是佛陀，而非山神。也有人说，转山对于在家人和出家人来说，同等重要。历年来，高僧大德在阿尼玛卿转山修行的屡见不鲜，并留下大量颇具加持力的圣迹。此外，转山沿途还有很多自然显现的佛像和佛菩萨的圣迹，因此，转山与拜佛已融为一体，难做区分。

一位长者的腿脚不好，临时借用我的登山杖出门方便。睡前，我把登山杖调整到适宜的高度，放在他的床头，心想，晚上起夜时，或许用得上。

早晨醒来，旺札措正坐在帐篷边帮仁增梳头。仁增虽是一个小男孩，但头发却留得长长的。旺札措嘴里咬着皮筋，将仁增的头发分成上下两绺，上面扎一个辫子，下面再扎一个辫子。想必是母亲梳头太用力，仁增疼得龇牙乱叫，恨不能夺路而逃。这一幕倒让我想起自己的儿子。嘉和已经快 4 岁了，我从未给他梳过头，他一直留着小板寸，洗脸时顺便抹抹头也就够了。在安多牧区，在家男子也留长发，与在家女子一样，如此，头发的有无或长短，几可视为在家人与出家人的一个形象区别。

梳完头，再给仁增戴上棒球帽，棒球帽的正面有一个大大的“苹果”标志。每次，远远看见仁增快活地奔走在转山路上时，我便会情不自禁地想：这可真是苹果公司的活广告呀！藏族人对“苹果”并不陌生，他们经常使用苹果手机；若是在寺院，苹果手机的占有率会更高。原因很简单：苹果手机的系统内置有藏文输入法，可以方便迅捷地显示或书写藏文。

帮仁增打理完后，旺札措开始给自己梳头。牧区女人的常规发型是将头发分成左右两绺，分别编成麻花辫，再于发梢末端系在一起，挽成一个结。结上戴有发饰，贵重如银质的配有珊瑚或松石的传统饰品，也有廉价如江浙一带出产的塑料发卡。偶尔，还能见到一种极为繁复的发型：也是先将头发分成左右两绺，再各辫成十几根粗细均匀的细辫，细细的发辫一字排开，整齐地披在肩后，在发梢末端结为一体，其上佩戴传统饰品。我很难想象，梳这种发型的女人睡觉时如何能保持发辫一丝不乱、整洁光鲜。牧区女人鲜有短发，所以，对于我的齐耳短发，藏族朋友纷纷表示：不好看！

旺札措不仅梳了头，而且还刷牙，洗脸，抹了面霜。这位被才旺师笑称为“胖姐姐”的女人，只要条件允许，就会一丝不苟地梳洗打扮。联想到他们昨晚还用热水洗了脚——我顿时为自己的邋遢感到无地自容：进山后，我再也没有刷牙、梳头、洗脸、洗脚，就连洗手也不过是率性而为。话虽如此，我的同伴们却还是习惯性地认为：这个佳嫫很干净，不洗脸不洗脚也没有关系。

出发前，睡在通铺上的僧人也醒了。他们一早围坐在床上，低声诵经。我本想把手杖留给那位老人，但他却细心地提醒我带上。既然如此，我便拿起手杖，向他们一一作别。

帐篷外，下着飘有雪花的绵绵细雨。才旺师在我的背包里放进一只装满热水的保温杯。这杯子是他昨晚临时买的，想必是担心我没有热水喝，又不想把那只沉重的暖水壶塞给我。然后，又放进去两块巧克力，不多不少，刚够一人的分量。帮我套上雨衣，扣好侧襟，这才放我出门。

潮湿的空气格外清新，我大口大口地呼吸，感觉心旷神怡。昨夜明明没有睡好，此刻却精神百倍，我望了一眼高高在上的弥勒佛，默默拜别。然后，头也不回地上路了。

虽是沿着公路走，但我更喜欢踩在路旁的草甸上，软绵绵的，非常舒服。不知何故，独自在前走这一程时，脚下如生风一般，走得飞快，回头望，才旺师与索白一家已落得很远。但我依旧无法收住脚步，仿佛是被人推着拉着不由自主地往前奔，直到走进下一处驿站，才终于停了下来。

举目四望，周围群山沉浸在氤氲雨雾之中，含蓄如犹抱琵琶半遮面的美人，令人不禁莞尔——原来，器宇轩昂的高原峻岭偶尔也能透出几分江南山水的温婉气质。

闲谈

不久，才旺师渐行渐近，远远地喊着："老师，你今天走得快撒！才旺差点儿追不上了。"

"你追不上，我就等你。"我回头笑道。

才旺师走到跟前，笑嘻嘻地说："你走路像一个藏族人了。"

"是嘛？"我不禁得意一笑。心情格外好。这时，忽然想起仁增昨天讲的话，便问："你跟索白从小就是好朋友吗？"

"谁说的？"

"仁增啊。"

"娃娃的话，不要信。"才旺师皱了皱眉，解释说："我跟索白是十几岁的时候寺院里认识的。那个时候，他也是个和尚。"

"然后还俗了。"

"就是，老婆都有了！"

"这样做，好不好？"我问他。对于僧人还俗，我不是很了解，接触的也不多，所以有些好奇。

才旺师看了我一眼，说："没什么好不好，自己的生活嘛，该怎么过就怎么过呗。有些是业力的作用，有些是前世的缘分，没有办法的。如果按照佛教的说法，出了家又还俗，那当然是很大很大的罪啊！"

"所以……还是尽量不要还俗比较好？"

对方点点头，表示默认。

"才旺师，你会还俗吗？"话刚出口便觉唐突，心想，他不答也罢。

"才旺？"对方不由自主地反问了一句，随即认真说道："才旺只是一个流浪的僧人，没什么能力也没钱，恐怕没有女人会喜欢。

而且，才旺已经习惯一个人自由自在地生活，不想身边再多一人……二十多岁的时候，我从寺院佛学院出来，想去拉萨。但一位仁波切告诉我：才旺的目的地不是西藏的拉萨，而是五台山。他说，我在那里虽然不会特别好，但也不会少吃少穿，可以安住修行。我听他的话，决定去五台山。那时，我一句汉话不会说，买张车票就去了。后来，独自在五台山，一住就住了十几年。别的不会，汉话会说了撒。每年，汉地居士来寺院朝圣时，上师会叫我回来做翻译，我就回寺院。其他时间，我一个人在五台山。”

此前，我曾听说才旺师长居五台山，饮食如汉僧一般，只是其中缘由不甚明了。这次，听他自己讲出来，一时竟不知该如何作答。才旺师继续道：“但老师不一样，老师是不一般的人。读了很多书，学位高高的有。又在桑耶住了那么久，是多么大的福报啊！现在，老师在寺院学校里教汉语，大家都非常崇敬。每一年，那些汉族居士来，供养钱，供养车，供养吃的用的，捐修佛像塔子，多多的。但老师不一样，老师是教授知识的，比起钱和物，知识和智慧更宝贵。钱，多了也是罪，但知识越多越好。我们有句话：要像爱护自己的眼睛一样爱护上师。想求到正法，就要亲近上师、供养上师、信仰上师。我觉得，想学到知识，也一样，要亲近老师、照顾老师、信任老师。”

所以，你才会如此无微不至地照顾我，逗我开心，甚至听命于那些任性的决定——我在心里默想：其实，我不过是一“贫贱”书生。在汉族人的社会里，混得好，或做个公共知识分子，或学而优则仕，混得不好，也许便是个苦于生计的教书匠。与你一样，没有钱也没什么能力；实际上，除了脑袋里那些无法变现的东西之外，我别无他物可做供养。

不知为何，才旺师的话似乎在我心里唤起了一种久违的信念：

知识本应被尊重与传承；那些掌握知识的人，无论男女老幼、世出世间，本应被尊敬与呵护。

雨，越下越大，像断了线的珠子滚落一地。三三两两的朝圣者如雨后春笋般悄然冒出，披着塑料雨衣，快步走在路上。公路右侧的河道越来越宽，也越来越浅。昨天下午，离开因冰崩而造就的黑土地后，我们便沿着这条河道在深谷中穿行，一路如影随形，却不知这条河叫什么名字。

黑色的滩涂，不知不觉间已被浅色的鹅卵石替代。前方有一座跨河大桥，人们纷纷下到河滩，在圆润的卵石上行走，直至走到桥头，方才顺着陡坡爬上桥，过河而去。如今，忽上忽下的碎石便道已不再让我感到惧怕。

这一路，沿途经过好几处圣地，但因云遮雾罩，看不真切。资料所示，首先会遇到玛卿的父王“赛日昂约”神山。相传，父王赛日昂约神，身色雪白微呈淡红，右手持矛用力上举，左手握珍宝置于胸前，身穿华贵丝绸衣裳，外披红色锦缎披风，头戴拉脱，足蹬粒皮靴，骑乘青龙，威风凛凛。他的圣地，位于阿尼玛卿峰西北部，山体绵长，其上耸立着很多花瓣似的灰白山峰，顶峰常年积雪，依山形而得名“色苯山或金黄大山”（即赛日昂约之意）。山上的石头，奇形怪状，有的可以刻经文，有的可以入药。此山也是一处修行圣地，悬崖峭壁上，有数不清的天然岩洞，贝若遮那、夏嘎巴、朵日喇嘛、旦巴增玛等高僧大德都在此修行。大译师贝若遮那的《阿尼玛卿尊朝山功德》记述：“佛法到五浊恶世，阿尼玛卿圣地神力无边，在此地念修，四业成功，亲炙本尊。”如今，这里也是攀岩爱好者的理想场地。

接着是“安确·卡赛巴尼”圣地，传说，它是观音菩萨的化身，又名“觉沃卡赛巴尼”，是母续胜乐轮坛城之主，位于阿尼玛卿峰西侧。再接着是“格宁拉日”神山，藏语意为“居士魂山”。相传，此山是观音菩萨以居士形象变化为地祇的圣地，十地菩萨阿尼玛卿尊，容颜白里透红，右手握彩箭，左手捧宝器于胸前，头缠白绸，身着绫罗，外披珍宝披风，脚穿皮靴，端坐金座，气定神闲。

随后，遭遇“龙宝革同智尕尔”，即“大臣白岩山”。神话有云，革同智尕尔大臣肤色白皙，眉毛胡须倒立着，穿着锦丝绸缎，外披蓝氅，头缠白巾，右手持喷焰宝，左手握如意宝置于胸，足穿粒皮靴，胸前的青铜镜饰以咒文“ཨཱ”字，端坐于师案。神山在阿尼玛卿峰的西北侧，是登山健将的向往之地。

再后是“尼尔哇·章吉夏嘎尔”，即“管家悦宾白脸山”。那是玛卿的管家的圣地：一座露出一点白色岩顶的锥形山。据说，这位管家热情好客，通体赤白，右手拿钥匙，左手持宝盘，头发胡须随风飘逸，安详地坐在洁白云端。其后，是一座名为“智墨达日”的神山，相传是岭国格萨尔拴坐骑的地方。

因果

仁增默不作声地跟上来，安静得像棵小树。孩子的喜怒哀乐总是毫无保留地写在脸上，我看了他一眼，就知道小家伙心情不好，低声对才旺师说：“仁增不高兴了，你去问问原因。”

才旺师嘟囔道：“娃娃嘛，心情好的，心情坏的，变化快得很！”话虽如此，他还是用藏语跟仁增聊了几句，然后告诉我：“他走了不久，发现狗没跟上来，就想回去找狗，但一个人回去又有点害怕，后来，还是决定先跟我们往前走。结果，心情不好了撒。”真是这样吗？我望着仁增，除了一脸沮丧，那神色里分明还有其他情绪。

才旺师去河滩边找石头，仁增磨磨蹭蹭，我陪着孩子一起走。

“听说狗没有跟上来，”我问仁增，“你是因为这件事不开心吗？”

“就是……”

刚才，一听说狗未同行，我的心似乎猛地停顿了一下，一个念头忽闪而过：我再也见不到这只狗了。虽然说不出原因，但我几乎能百分百地肯定：以后再也见不到这只青色藏獒了。然而奇怪的是，明知又是一次不告而别，我却并不感到留恋或惋惜；事实上，我毫不犹豫就接受了这个结局。就像我始终在等待这一刻的到来，在等待中，渐渐把所有的心绪洗刷殆尽。当这一刻真正到来时，便身心俱空地相迎，如久违一般，说了声：“好走。”如是而已。

我宽慰仁增：“也许，这只狗有它自己的路要走，与我们同行的那一段既已完成，它自然是要离开的。”仁增点点头，我的话并没有听进耳朵里。

“回去找狗的路上，我看见一件事。”他喃喃地说。

“什么事？”

“弥勒佛的山坡上滚石头下来，有好几个，这么大——”他比画着，大约一肘长宽。“轰轰轰地……滚下来，下面正好有几个人在走路，害怕了撒，跑啊跑！跑得快撒。”

“石头砸到人了吗？”

“没有。然后，石头飞起来……”

“石头怎么会飞？”

“石头碰石头，就能飞了！”见我怀疑，仁增握紧两只拳头，做出石头相互撞击的样子，然后，一只拳头沿抛物线“飞”了出去。“姐姐，石头飞到昨天我们吃饭的地方了。”

“你是说，石头砸到那家餐厅了？”

“就是！餐厅的顶破了撒。”

"石头把餐厅的屋顶砸破了？"

"就是！餐厅破了洞。"

"那人呢？"

"人跑了……跑到我们住的帐篷里面，他们害怕了撒，不敢出来！"

"哦……你看见有石头飞，也害怕了，不敢走近，所以没有回去找狗。"

"就是……"仁增低着头说，"昨天，他们要赶我的狗；今天，石头要打他们撒。"

我不知道狗与石头之间是否真的存在仁增所说的因果。今早，仿佛一路被人拽着拉着往前奔走，根本不知身后发生的事情。才旺师和索白夫妇一路追我，想必也无心留意身后的状况。雨中，发生山体滑坡落石，若说为自然规律，也能解释。然而，不早不晚，落石恰巧发生在我们出发之后、仁增回去寻狗之前，还恰好被仁增看见。说是偶然，却像是早已计算好的，分毫不差。

店老板躲在帐篷里的惊恐万状之相，虽未亲见，亦能想见。不知，那几位僧人是否也一同在帐篷里。仁增如是说，我却并未因"恶人被惩"而感到一丝快意，也许，是想象中那种惶然无助的情境，彻底带走了昨夜的嗔恨与恼怒。

后来，说给才旺师听，他却不以为然。在他看来，孩子的话总是不足为凭。

吉祥天堂

过桥，走在河道左侧的公路上，道路湿滑。索白夫妇远远地跟了上来，他们没穿雨衣，既要打伞又要拄双拐，一路忙忙跌跌，自然走不快。旺札措的女士挎包，已转移到索白的背上，此外，还有一件她在路上捡到的羽绒服。昨天还是七个人和一只狗的“大”队伍，现在只剩下五人。才旺师和索白——出家人与还俗的出家人，承担了我们所有的行李。才旺师照旧走在最前，仁增一会儿跑上前与他逗乐，一会儿跑回来跟我聊天，索白夫妇不紧不慢地走在最后。视野开阔，随时能望见彼此，于是默默留意，不要把间隔的距离拉得太远。

行进速度不算快，我们心照不宣地按照自己的节律行走。沿途，一直有朝圣者超过我们，望着匆匆而去的背影，心里并不着急：早一点，晚一点，只是时间数字不同而已。

走过依山傍河的泥泞公路，不远处，是下一个驿站。与驿站一路之隔，有一座黄铜包筑的金色菩提塔。塔型是在藏区常能见到的式样。白色塔座为正方形，高而宽大，饰以红边，绘以黄点。塔基似与塔座等高，同为方形，共有四面。每一面的居中一行，均有黄铜镂刻的浅浮雕：一对雄狮、金刚铃杵与法轮。方形基座上，砌有六层从下往上逐渐缩小的叠涩。其上，建有覆钵形塔瓶，瓶身匀称。塔瓶上置一方座，座上树细长相轮，轮数十三，愈上愈小。相轮顶立滴水（悲顶、伞与伞盖）。其上，再立新月、日轮与宝珠。塔前，有一供石曼扎，上置一牦牛头骨。两只牛角上，串满了朝圣者供养的手表、念珠、手镯与头饰。曼扎上方，有一根低矮粗壮的立柱，被哈达包裹，上面同样挂满了信众供养的念珠与手镯。

虽不知此塔由谁建造，因何而立，立于何时，信众仍依惯例，顺时针绕塔三周，再向宝塔磕三个头。与同行者一样，面朝塔身，脱下帽子，我郑重地磕了三个长头，本以为穿着雨衣会行动不便，却没想到动作连贯得很。磕完头，站起身，不经意地看见索白正望着我，宁静的目光里透出一丝赞许。看来，经过多番调教，我磕头的姿势还算标准。

不知为何，我总觉得索白的身上还保留着几分出家人的气质。尽管已还俗多年，但在举手投足间，他仍会自然流露出僧人固有的持稳与谦恭。在对待自己的妻子旺机措时，他也会经常表现出一个安多丈夫少有的温柔与关切。

对于一个鲜有宗教体验的人来说，真的很难想象，寺院生活究竟会在多大程度上影响或改变人的一生。

出驿站，视野越来越开阔，宛如走在一望无垠的草原上。一条弯弯的大道从脚下一直延伸至对面的山脚。才旺师告诉我，这条大路叫“吉祥天堂”。标识为证，在道路的起点与终点，分别立有两根门柱，挂着数条五彩幡旗。

走在吉祥天堂上，远山遥遥在望。一条曲折的山路迂回而上，通向两座山峰之间的垭口。厚重的乌云在山路的尽头绽开一角，如管中窥豹般，可以见到垭口处一字排开的十三座拉则，见到山峦背后的云海，以及云海中若隐若现的雪山——“今天，我们要走到那里。”才旺师指着垭口说。我点点头，自顾迈步，不再思量远近。两天行路，我渐渐意识到：考虑路途的远近着实无义，实际距离并不会因为焦虑而有丝毫的改变，唯一能做的，就是持续不断地迈动脚步，只有这一点一点看似微小的位移，才能让自己与目的地逐渐靠近。

“我们现在走的这条路可不一般啊，”才旺师继续说，“你看——是由彩石铺成的，里面有宝石、绿松石……”

我不以为然地打断他说：“就算有，也找不到呀！都压实成路面了。”

“不是的……你没看见来往这么多车辆吗？路面早就被大车压得坑坑洼洼，有些石头自己就露出来了。”明知是才旺师故意逗趣，但自从听了他的话，我的两只眼睛就再也没离开过脚下的地面。不时找到些绿石头，拿给他看，却都被一一打发了回来。最后，我给自己留了一枚金字塔形的小石头，虽不是绿松石，但毕竟也是这条“吉祥天堂”上的铺路石。

嬉笑逗乐间，我们已走到这条大路的尽头。“吉祥天堂”连着一片平整的开阔地。这片地域，临近河道，稀稀落落地长满矮草，活像被人剃了一个板寸。几间白帐篷伫立在道路两侧，帐篷顶上，炊烟缭绕，无声地招揽着过路的朝圣者。

此时，天空放晴，层层叠叠的雨云悄无声息地退至山后。才旺师在河滩边卸下背包，拿着我的单反相机，在远处拍照。那专注的姿态，若不是穿着僧服，定会被人认作是摄影师。仁增在空地上奔腾跳跃，浑身精力好似无处发泄。索白夫妇姗姗而来。旺札措把雨伞横插在索白的背后，以至于从身后望去，索白就像一只模样怪诞的剑齿龙。

途经漫水桥

我跟索白夫妇继续往前走，一直走到河边——这一次，看来真的要涉水过河了。河面宽阔，流水湍急，既无垒石便道，也没有铁皮桥。这里原本是公路上一处供车辆通行的漫水桥，似乎没有考虑过步行者的需要。人们走到河边，停下脚步，脱鞋，脱袜，挽起裤管至膝盖处，随后，拎着鞋袜，拄着手杖，稳住背囊，在冰冷的雪山融水中仔细寻路，小心过河。男女老幼，莫不如此。偶有事先做过准备的，会在鞋、裤的外侧套上一个长长的塑料袋，再用皮筋于膝盖上方把袋口扎紧。过河途中，塑料袋若被脚下的砾石刺破，便会功亏一篑，于瞬间浸湿鞋、袜和裤腿。

“不用担心——我会把你背过去的。”才旺师神不知鬼不觉地出现在身后，见我在河边迟疑，于是安慰道。“我可以自己走过去！”心想，既然大家都这么过河，我有什么不可以的。“不好，水太冷，对身体不好吧。”才旺师自忖道。说话间，一辆越野车从身边呼啸而过，目无旁人地越过漫水桥，顺利抵达对岸——这一幕，顿时让我灵光一闪：也许，可以找到一辆顺风车，搭车过河。只可惜，晚了一步，这辆车已经开过去了。如是想着，便往身后的公路上望去，居然真有一辆小皮卡，缓缓驶来。

我赶紧回到马路上，站在路中央。索白在一旁好心喊道：“车中间走的撒，你旁边站。”我笑着对他说：“不用担心，我站在路中间，车才会停下来！不然，直接就擦身而过了！”果然，这辆小皮卡稳稳地停在面前。我跑到驾驶室旁，迅速往车厢里扫了一眼：一对年轻的伴侣坐在前排，后座是空的——看来有希望。男子摇下车窗，探出头，不解地望着我。我对他说：“我想过河，坐你的车，可以吗？”想不到，对方能听懂汉语。他扭头与身边的女子简单交谈了两句，然后回首，对我点了点头。这时，我看见正坐在河边准备脱鞋的旺札措，便问对方：“我还有同伴，可以一起吗？”

“谁？”

“一个女人和一个孩子。”

“人多的不行，车重，过不去撒！”想想对方说的也是，便问：“女人两个，孩子没有，可以吗？”男子笑着默许。我连忙疾呼旺札措，示意她赶紧来坐车。旺札措套上鞋，欢快地跑了来。我俩爬上车，坐好。男子熟练地驾驶小皮卡，往哗哗流淌的雪水里冲去，转过两道弯，驶上对岸的坡道。

下车后，忽然想起背包里有巧克力，便走到驾驶室旁，敲敲门，对方摇下车窗，我把巧克力递进去，连说了两句“卡卓”（谢谢），挥手告别。男子笑着接过巧克力，发动了汽车。旺札措就近坐在坡地上，等待家人。我跑回河边，想看着大家过河。

仁增挽起裤管，露出两条纤细的白腿，迈进河里，蜻蜓点水般轻快地跑了过来。发觉这孩子自己过河，我有些诧异。之前，仁增告诉我，他的爸爸会背他过河，所以在挡车时，我没有执意要带上他。早知如此，当初就该再坚持一下，或是把自己的座位让给仁增。不过，光脚蹚水的仁增，此刻一脸愉悦；也许对他而言，涉水过河其实是一件难得的乐事。

才旺师和索白也顺利地蹚过了河。看见才旺师冻得龇牙咧嘴，我不禁慨叹：这雪山融水果真冰冷刺骨，若自己光足涉水，还不知会冻成怎样呢！等他俩擦干腿脚，穿上鞋袜，背上行囊，一行人这才举步出发。

最后两块巧克力

路过一块旅游告示牌。仁增和才旺师好奇地上前观看，原来，刚才经过的那片开阔地是格萨尔王的赛马场。

此处为一山间盆地，地形平坦开阔，面积约 2 万平方米，地面主要为砾石层，含砾砂层、黏土质亚砂土及黄土。传说曾经是格萨尔王赛马的地方，如今仍有不少居民在此处赛马。

得知是一处圣迹，大家不禁回头，兴奋张望。

在离告示牌不远的地方，停着一辆丰田越野车。它的一只前轮以奇怪的姿势撇在一旁，像只脱了臼的胳膊。车内空无一人。出于职业习惯，司机索白绕着汽车转了几圈，左看看右看看，然后，叹着气离开了。

眼前是上坡路，站在路口，我顿觉饥肠辘辘。出发前吃的两块压缩饼干，早已消化殆尽。我把摄影包翻了个遍，只找到一块士力架，望了望身边两手空空的仁增，便送给了他。随后，拔腿去追才旺师。

“你还有没有吃的？”我问。

“你的包里有两块巧克力。”才旺师不以为然地回答。

“我送人了。”

“你又送人了？”才旺师瞪大眼睛，反问道。

“什么‘又’，第一次送巧克力。”我辩解道。

“什么时候送的，我怎么不知道？”

“刚才呀……坐人家的车过河，总要感谢一下吧？”

“有两块巧克力啊！”

“对啊！幸好有两块，车里有两个人，一人一块，呵呵……”

“是两大块巧克力……你送一块不行吗？一块巧克力就得十几块钱！”

“都送人了……小气鬼才旺师，一块巧克力就要十几块钱呢！”我学着他的口吻，笑话道。

“不是小气，”他沉下脸，严肃地说，“我们自带的食物都吃完了，后面是不是可以方便地买到东西还不知道。我这里没有吃的……最后两块巧克力已经放在你的包里了。”

顿时无语。

见我一脸沮丧，才旺师安慰道：“走到前面的驿站，我们就吃饭。不远……就在那个垭口。”他指了指山上。此刻，从山脚爬到垭口，在我看来，简直遥遥无期。“要不……你先喝点水。你的保温杯呢？”我从包里掏出保温杯，他接过去，打开杯盖，问：“满的？”“嗯……”

我点点头，不好意思地笑道：“好像忘记喝水了。”

等我喝完水，才旺师把保温杯要了去，自己背着。此后，一路上，每当我追上他——其实是他在前面等我——便会从他手中接到一杯热水。

终于来到夏热贡卡——那一处走在“吉祥天堂”上便能远远望见的垭口。山高风寒，夏热拉则的幡旗被吹得噗噗作响。拉则群的前方有一座方形煨桑台。煨桑台的一旁立着两块太阳能板，为这里的驿站供电。一群朝圣者坐在帐篷外的草坡上喝茶聊天。山风凛冽，却吹不走人们的好兴致。在山道左侧，与煨桑台、拉则群隔路相望，有一座供石曼扎。我们绕供石曼扎转完三圈，方才找到一间帐篷坐下。点好饭菜，才旺师捧起经本，带着仁增去煨桑；他递给我一叠隆达，叫我同去。女人不能煨桑，我只好站在煨桑台的旁边，听着经文，笨拙地抛撒隆达。如是完毕，我和仁增回到帐篷，才旺师独自去了夏热拉则。

研究文献对夏热拉则的记载，语焉不详。据说，这里以前是用鹿角祭奉的拉则，如今所见，是在遗址上重新恢复的。进入拉则群时，需先通过一道铁丝网门，想来，这处拉则已被划进某户人家的个人草场了。

才旺师推开门帘，举步入内。一见他来，我便知自己犯了错——回帐后，自顾与仁增聊天，大意地坐在才旺师先前坐过的地方，竟还浑然不觉。当即慌忙起身，欲让座。才旺师却若无其事地从我面前走过，坐在与帐篷正门相对的一块地垫上，悄无声息地化解了我的尴尬。尾随而来的索白夫妇见才旺师径自更换座位，不由得露出一脸困惑，却不问缘由：既然是阿卡的决定，大家默默遵循就是。才旺师盘着腿正襟危坐，在他面前，还有一张地垫，索白和旺札措便撑着腿纵身侧倚在地垫上，以低于阿卡的姿势，“坐着”聊天。这实在不是什么舒服的“坐姿”，我在一旁暗自庆幸：调整座位后，和仁增坐在最远的下席，因而不用以如此难受的姿态恭敬阿卡才旺。

这里没有糌粑，我随仁增，吃方便面，里面的肉干调料包自然也送给了他。才旺师和索白夫妇要了胡萝卜馅的素包子和白菜粉丝汤。吃完方便面，喝完热汤，身体顿觉暖洋洋。这时，厨娘又在我和仁增的面前摆上一盆素包子。望着才旺师，我无可奈何地摇摇头，表示实在吃不下了。可是，所有人都以殷切期盼的眼神盯着我，“吃，吃，再吃一点！”盛情难却，只好又塞进三个素包子。正所谓：前一刻饿得半死，后一刻撑得半死。从始至终，索白夫妇都是以单肘支撑双腿横卧的侧倚“坐姿”面对阿卡才旺，吃完这顿午餐。

渡河

越过垭口，脚下是一片缓坡。我和仁增一路轻快地走过，临近山脚，见到路边有一处圣迹：夏格脚印。

相传有一天，夏嘎巴在溪边提水，一只野牦牛冲了过来，情急之下，夏嘎巴跳上身边的一块白色大岩石，于是，在岩石上留下了他的脚印。后来，夏嘎巴抓住野牦牛的角，唱起道歌，将它降服。不过，导游指示牌上的解释则是：“佛脚印象形石：藏语名夏嘎巴参木康。一岩坑，长 20 厘米，宽 8 厘米，恰似一个脚印的形状，是岩石差异风化形成的溶蚀坑，被当地群众赋予了妙趣横生的故事。”解说词利用科学知识说明“脚印”的由来，正如民间传说也能提供自圆其说的解释一样——只不过，这个“故事”，与其说是“被当地群众赋予”，倒不如说是由无数转山者的信仰而来。

白色岩石上，挂满白、黄、蓝、红或绿色的哈达。岩壁上，满是用酥油粘贴的面额不等的纸币。岩石前，有一间小小的供灯室，一如既往，我点了五盏酥油灯。这时，才旺师走过来，他拉着我和仁增，站到岩石上，瞻仰“夏格脚印”。纤小的脚印，被信众用沾有酥油的手抹得黑黑的，很容易辨认。我们也将自己的手掌贴在脚印上，仔细抚摸，以期得到圣迹的加持。看见和触摸，是朝圣者与圣迹“沟通”时所使用的最重要的两种方式。这或许与藏传佛教中两种特殊的解脱方式：“见解脱”（看到就能解脱）与“触解脱”（接触就能解脱）有关。

在岩石对面的山坡上，有一列彩旗扶摇直上，通向山坡上的悬崖陡壁。才旺师告诉我，那里有一个修行洞，是夏嘎巴洞隐苦修的地方。朝圣者只要顺着彩旗的指引，就能爬到那里。我问他：“你想去朝圣吗？我可以在这里等你。”才旺师对着那面崖壁，凝望片刻，轻轻地摇了摇头。

以河道为界，眼前出现两条路：右侧是就近而邻水的草滩便道，左侧是绕远却平整的依山马路。才旺师略做迟疑，选择了前者。

走在柔暖湿润的草地上，大家满心赞同才旺师的决定：不仅节省时间，而且脚感舒适。三日行路，索白的解放鞋早已不堪重负，才旺师的球鞋裂了一道缝，虽然两人默不作声，但从走路的姿势也能看出其每走一步所承受的辛劳。索白仍旧拄着双拐，但身体晃动的幅度越来越大，犹如微醺的醉汉。才旺师在休息时，会不停地抚摸膝盖，走路时，则不自然地轻微跳跃，就像美人鱼上岸后的步履。我不止一次向他提出，自己可以分担些行李，以减轻他的负重，均被一口回绝。同样，旺札措的挎包，再也没有回到过她的肩上。

脚下的溪水，如小径分岔般恣意改变着自己的流向，时而漫过草滩，时而汇成激流，时而如发辫般分成几股，时而聚为清澈见底的浅潭。穿行其间，或涉水，或绕道，或跨越，或寻找垫脚石——相机使用各种办法过河，不一而足。偶尔，仁增会忽然加快脚步追赶青蛙，或把手探进水里捕小鱼，抑或摘几朵野花做游戏。便道的另一侧，是用铁丝网围起来的私人草场，其内，牧草葱郁，野花遍地，蜂蝶相逐，竟是一片春意盎然。

渐行渐远，从山中涌出的涓涓细流悉数汇聚至身旁的河道，水势越来越大越来越急。圣地觉姆央热已遥遥在望，只是，它在河的对岸。

眼前，需要跨过一道浅沟才能继续赶路。沟上，有两条由转山者临时搭砌的卵石便道。我相中一条石面低矮而平整的路，只是，偶尔需要涉水。行至半道，忽闻身后有人厉声尖叫。回头看，原来是仁增。他见我有半只鞋浸在水中，便以为落水，惊慌地呼号起来。我安慰道："没事，没事，这鞋子不怕水。"可仁增不理会，继续嚷嚷："不行，不行……姐姐回来！"眼见要惊动其他人，我只好原路退回。才旺师选的是另一条便道。虽然垫脚石高高地跃出水面，可石面凹凸不平，落脚时若未站稳，便会直接滑入没过脚踝的流水中。最稳妥的方式，是如索白夫妇，脱鞋脱袜，挽起裤腿，找处平坦的河底，蹚水而过。

我不想脱鞋湿脚，只好跟随才旺师，走另一条便道。眼前之人，背着沉重的登山包，却身轻如燕，脚点石尖，轻松跃至对岸。我学着他的样子，想快步通过，结果稍一踉跄，便脚不择路地踩入水中。河水没过鞋帮，逐次浸湿雨裤、保暖裤和羊毛袜。冰冷的河水，如枷锁一般霎时扣在脚踝以上两寸处，旋即上下扩散。我已不记得自己是怎么摆脱这条浅沟的了。回过神时，发觉自己正坐在对岸的草地上，才旺师蹲在面前，低头帮我解鞋带，他问："怎么不等我回去扶你？"

"哦，我没想到……自己会掉进水里啊！"我傻笑道，脱了鞋，脱了袜，在正午的阳光下晒脚丫子——忽然觉得，一切也没那么糟糕。鞋帮浸湿了，挤一挤，就会淌出水来。袜子湿透了，一时半会儿也干不了。所幸，我一直穿着两双袜子，便从另一只脚上脱下一只，换到这边。

“不走这条路就好了……”才旺师暗自懊恼。

“没关系啊……”我安慰道。

“鞋子湿了……”

“只是湿了鞋帮，很快就会干的。”

“袜子也湿了……”

“湿了一双而已，我还有一双嘛。真得不用担心……”

重新穿好鞋，把湿袜子挂在背包上晒太阳。索白夫妇整顿好衣衫，一行人继续赶路。才旺师不紧不慢地跟了上来，忽然悄声对我说，“我觉得你不是青蛙。”

“什么？”我疑惑不解。

“青蛙多厉害啊，一跳可以跳好远！”

“那又怎么样？”

“你呢……一跳就跳进水里了，腿太短啦，根本就是一只兔子嘛！跳不远的……哈哈……”我这才意识到他又在打趣逗乐，而我还一脸认真地听着！

“才旺师！——”我狠狠瞪了他一眼，恨不能追打他。

“哈哈……兔子，兔子，兔子——”对方早就一溜烟儿地跑开了，留下一串笑声在身后回响。

行程过半

终于，觉姆央热近在咫尺，但眼前却横着一条河。河水漫溢，分为三路：一路在右，浅浅地越过卵石，像给石滩铺了一层透明光鲜的丝毯；一路居中，水流不快不慢，沿着石滩的低洼处鱼贯而过；一路在左，是河流的主干道，水深且急，所幸水面并不宽阔。若想抵达对岸的圣地，需连跨三条水道。

这简直就是一条绕不过去的通天河嘛！站在岸边，不由自嘲：一早遭遇河水，本以为能侥幸逃过光脚涉水之苦，没想到，又在这里等着我。也罢，既来之则安之：倘若唯有光脚涉水才能表达朝圣的诚意，那我也只能满怀喜悦地承受了——不过，话虽如此，行事却难。

石滩上的水甚浅，简单试探一下，便穿着登山鞋轻松地踩水而过。仁增站在身后，一脸惊讶地望着我，犹如见到了魔术师的戏法。我转回头，对他得意地笑笑，伸出右手，做了一个表示“胜利”的手势。

石滩间的浅流已没过脚踝，这次，只能脱鞋涉水了——沿着河滩转了一圈，我得出如是结论。站在身后的才旺师，一脸悠闲地看我忙活半天，不禁笑道：“河北梨（何贝莉），不要担心，我背你过去。”见我不答，他又笑道：“呵呵……不用害羞撒。”望着身边络绎不绝的朝圣者，我实在无法想象自己趴在阿卡背上过河的情景，那恐怕会是“佳嫫过河，转山一景”了！于是，拒绝才旺师说：“我要自己过河。”

对方点点头：“嗯……中午了，河水应该没那么凉了……”随即指挥道：“把背包取下来，我帮你拿过去。鞋子脱了，把两只鞋的鞋带绑在一起，系紧。袜子脱了，塞进鞋里。裤腿挽起来，不要撸上去。高一点——要挽得再高一点。石头可能会扎脚，走路要当心。不能在水里乱蹦乱跳，会弄湿衣服……”

“可以了……可以了。”我不耐烦地打断他，光脚过河而已，何至于如此紧张。背包由才旺师拿着，鞋子由索白挑着；我拄着手杖，一身轻松地跟随其他朝圣者向对岸走去。但在触水的那一刹那，我还是冻得龇牙乱叫，本能地想快些过河，不禁迈开大步在水里蹦了起来，溅湿裤脚不说，还引来一阵哄笑。光脚走过滩地，来到最后一处河道前，此地水深，没过膝盖。我站在滩边踟蹰不决，眼见同伴纷纷过河，这才尾随而往。站在激流中，举步维艰，水流太急，眼前一片浮光掠影，根本看不见脚下的卵石，不知该往哪里迈步……此时，腿脚已冻得不觉寒冷。站在对岸的才旺师，见我在水中犹疑，赶紧撩起僧裙，再次下河。他抓住我的胳膊，沉稳地说："不要怕，我带你过河。"说罢，驾着我胳膊往前走。"慢一点慢一点，我踩不稳……"他走得太快，我跟不上他的步伐。"我会保护你……别害怕！"如是，我被才旺师三步两步拖上了岸。

坐在岸边，露出白花花的小腿和脚丫子，晒太阳。大家相视一笑，为这段有惊无险的旅程而相互庆幸。

重新回到公路上，眼前是一片山中罕见的繁华景象。大大小小的白帐篷搭在道路两旁，一直延伸到圣地觉姆央热的山脚下。住宿、商店、餐厅、茶馆一应俱全，做生意的人多，彼此自有一番竞争，店家的招牌纷纷摆在了路边。朝圣者在帐篷间往来穿梭，先到的喝茶歇脚，后到的询问打探，朝圣者越聚越多，如蚂蚁见到了蜜糖。

一位藏族阿妈招呼才旺师进去喝茶，说是免费的。才旺师婉言谢绝，继续赶路——圣地在前，他怎么可能收住脚步？口干舌燥的我和仁增，只好尾随其后，一脸苦笑。才旺师告诉我，抵达觉姆央热，意味着转山路已完成一半。闻此言，我不由惊呼："两天半的时间就走完了半程，我哪里需要转一周、十天、一个月？也许五天时间就够了！"对方笑道："不急，不急……慢慢走撒。"

觉姆央热，是玛卿的南门，通称为"格通觉姆央热圣地"。格通，是此处的地名；觉姆央热，是圣迹的名称。与觉姆央热遥相呼应的，是对面的峻峭山峰：玛卿大臣“格通智格”。这里不仅有大臣格通智格，还有小臣达玛德则——据说，他右手拿火器，左手执宝，示以尊贵形象。

阎王路、阎王镜与阎王秤

来到觉姆央热，才旺师先马不停蹄地绕着石崖前一条长长的石经板墙转了一圈，然后才找到一个僻静处，放下背包，嘱咐大家把行李放在一起，说待会儿要“钻山洞”。

有山洞吗？放眼望去，层层叠叠的经幡几乎把这面红色山崖整个儿包裹起来，崖壁上的隐秘处岂是肉眼能见？我正纳闷，忽闻仁增在喊：“姐姐！过来！”他抓起一大串经幡，吃力地扛在肩上，指着里面说：“这里，这里……”示意让我钻进去。“阿卡才旺，前面撒……”我赶紧跟过去，经幡阵下，果然藏着一个小小的洞口。倘若无人指点，着实难见。我躬起身，匍匐入内，几步之后，可勉强直起半个身子，看看洞中景象。崖壁上粘满或塞满各种物件：耳环、戒指、念珠、手表……据说，这些物件是亡者生前用过的，因为这里是一处与阎王有关的圣地。然而，才旺师却不理会这些，他语速极快地介绍洞中的各类圣迹，嘱咐我一一朝拜：拉隆华多（即“拉隆·贝吉多杰”，是藏传佛教史上的一位重要人物。因吐蕃末代赞普朗达玛灭佛，而用箭刺杀了朗达玛，之后，来到安多藏区）飞行时留下的背印、双手印和脚印，汤东杰布（是藏传佛教香巴噶举的一位著名高僧，不仅精通佛法，且懂建筑、冶金，擅长艺术创作，被藏戏艺人尊为戏神）的手印与脚印，自然显现的咒字、经文……圣迹之多，令人目不暇接。朝圣时，沿着羊肠岩洞走一圈，里面的每一处圣迹都要见到、抚摸、顶礼。出岩洞时，才旺师与另一位在前引路的僧人，面对岩洞最上方自然生成的经文、佛像，一同诵起经文。他们没有拿法本，却以和谐的音韵熟练地背诵出一段祈请文。有时，僧人会微笑着示意众人颔首合掌，我们便默默遵从。诵经完毕，朝圣宣告结束。我们沿石崖一路往上，再从经幡阵的底下顺着土坡滑出来。坐在行李边，稍事休息。不久，查看玛卿圣迹志的才旺师忽然站起身，说：还要进洞——因为刚才漏掉了一处圣迹，需要重新补过。

先前钻过的红色岩洞，名为“雅玛塔空”。据说，雅玛小孩（神经有问题的孩子）进出这条岩洞后，即可恢复神智。不过，此处最能激发朝圣者兴趣的，似乎是与岩洞有关的阎王秤、阎王镜和阎王路。这条蜿蜒曲折、砾石嶙峋的羊肠岩道，即“阎王路”。民间有云：“地狱之路已闯过，往后不用再去闯。”穿过岩道时，需注视对面的“格通智格”，那里有一道由两座石峰自然围成的弧线，宛如支撑镜子的镜架，弧线划出的一面虚空，便是“阎王镜”。民间有云：“阎王镜子已经看过，往后不用再去看。”在岩道外侧，山崖下有一个自然形成的石环，上面系满哈达，这是“阎王秤”。双手抓住石环，双脚离地，犹如挂在秤钩上，吊起自己称重量。据说，有此经历者可免于死后在阎王面前称重。民间有云：“阎王秤钩已称过，往后不用再去称。”

我在洞外休息时，索白夫妇正兴致勃勃地吊在石环上称重。他们热情地唤我过去，教我如何在抓住“阎王秤”的同时昂起脖子凝望对面山上的“阎王镜”。这个动作，颇有些难度：几乎要将自己彻底悬空，才能把脖子后仰至看见对面山峰的程度。也不知这样做究竟是何讲究，但见大家排着长队等待“称秤”“望镜”，自然也想照猫画虎做一番。一群围观者关切地问我，“看见哈达没有？白哈达的是？……”“哈达在哪里啊？”我艰难地稳住姿势，反问道。

“镜子下面！”“哦……”只好给大家一个似是而非的回答。老实说，白哈达没看见一条，白云倒是见到不少。

事后回想，出家人和在家人虽在同一处圣地朝圣，但两者的关注点似乎有所不同。前者注重高僧大德的圣迹与自然显现的佛像、咒语、种子字（佛教密乘中，表示佛、菩萨等诸尊所说真言之梵字），后者却更关心阎王主宰的身后事，若能在生前就把往生之事料理好，大家自然乐意而为。

不过，在僧人的宗教追求与信众的民间信仰之外，对于觉姆央热，似乎还存在第三种理解。导游指示牌写道：“阿尼玛卿的秤、藏宝阁：岩壁上有许多玛瑙、珊瑚等宝石。据说能从这个洞中钻出的人都能获得好运气，藏语名觉木央拉。”这面岩壁，并不能自然生成宝石，文中所指的玛瑙、珊瑚莫非是亡者的遗物？更令人费解的是，不知阎王的“秤”何时变为玛卿的“秤”，也不知“阎王路”为何会代表“好运气”——难道玛卿护法如阎王一般，能主生死？抑或，生死两隔的福与祸有其内在关联？又或，指示牌上的内容不过是调研者以讹传讹的说辞？无论如何，在不明就里时，只好悉数记录下来。

雅玛塔空岩洞的前方，有一排长长的石经板墙。此墙的一端，立有几个大小不等的供石曼扎，有的供着牦牛头骨，有的散落着哈达。另一端，有室内、室外两处供灯室。此墙周边，搭着白帐篷，支着阳伞，立着旅游告示牌，一派热闹景象。帐篷里，除了日用品与食品，还售卖朝圣用的哈达、酥油灯、酒、隆达和煨桑香粉。早知物资如此丰富，就不用千里迢迢从西宁背着这些物品来朝圣了。我不禁默想。

石经板墙的正前方，有一个低矮的平台，上面放着两大包石头和三块两小一大的黑石头。这些石头，名为父母报恩石。据说，若能背着编织袋里的石头，一边念经一边转经墙，便能报答父恩，消除以往对父亲忘恩负义等罪行；若能同时抱着三块黑石头，一边念经一边转经墙，就能报答母恩，去除以往对母亲不仁不义等罪行。

编织袋里的石头看上去非常重，旺札措背着一袋缓慢行走，腰都快被压垮了。仁增抱着一块大黑石头，龇牙咧嘴地跟在后面，一不小心，石头落地，赶紧再抱起来，跌跌撞撞地往前走。眼见如此，我竟连尝试一下的勇气都消失殆尽了。离开后，自忖此行是为母亲祈福，却碰都不敢碰一下黑石头，心中倍觉惭愧。

才旺师饶有兴致地站在平台旁边，看众人背石，信众越聚越多，在平台前排起了长队。我问他：“你打算背石头吗？”他笑道：“人太多……好像没机会了。”尽管如此，他仍在一旁伫立良久。

爸爸去哪儿

一路行来，我们在觉姆央热停留的时间最长。终于，我忍不住问索白：“今天是不是不走了？”索白也是一脸疑惑，说：“这个……问阿卡才旺的是。后面的路……远得很撒。”我只好去问才旺师：“今天要不要继续赶路？”他却反问我：“你还走得动吗？”我点了点头。对方笑道：“那就走吧……”

经常是这样：我问大家的意见，大家便问才旺师的意见，才旺师又反过来问我的意见。绕了一圈，有时不得不自己做决定。

我和仁增轻装上路，索白夫妇紧随其后，才旺师还在饶有兴致地观看背石。走不多远，在山坡上看见一个修行洞。洞口缀满经幡，洞前供一石曼扎。据说，这里是杂日山脉的圣门，与毗卢遮那有关，洞内有门，会自然开合，其内有静室。汤东杰布、阿奈桑姆曾在这里修行。而导游指示牌却写：“前隆通藏洞：为灰岩溶蚀垮塌形成的洞穴，洞口高约1米，宽约2米，洞穴长而深，据说可以通向拉萨；洞口有许多经幡和泥质菩萨，为当地民众的祈福之地。”相较之下，信众的言论与导游的解说，简直像在描述两个不同的地方——或许真是两个不同的洞穴？还有资料说，觉姆央热是阿尼桑姆（阿奈桑姆）的修行洞，这就更让人困惑。似乎，圣迹遗存愈是丰厚，关于圣迹的各种言说便愈加纷繁。

我跟仁增走到洞里，借着微光，看见里面凌乱不堪，供完的油灯散落一地，杂陈其间，还有些青稞与纸币。尽管如此，朝圣者还是会弯腰入内，恭恭敬敬地瞻仰一番。

沿着公路行走，没有见到文献记载的格萨尔的神狗“当勒”和神驹“江霓”的脚印。倒是看见一块导游指示牌，上书：“前隆石墙（猛虎上山象形石）：为半山上裸露的一块基岩……该基岩形似一只正在往山顶狂奔的猛虎，又像一只匍匐回头的猛虎；山体的两侧各有一块裸露基岩，位置对称，形状相似，就像长出的一对耳朵，惟妙惟肖，妙趣横生。”这是一处既非圣迹亦无传说的旅游景点，它的出现，似乎在暗示：地质公园的世界与转山朝圣的境域其实是两个貌合神离的系统——尽管，它们时常以文字的形式出现在同一块导游指示牌上。

虽不知，这两套观念体系能否融为一体——即如它们的解释对象，本就是一个整体——但求彼此间，至少能相安无事。

不久，遇到一块路牌——“前方1公里朝圣雪山占德摊桥”，其上，画了一根长长的箭头，指示公路的方向；在路牌的背后，还有一条羊肠小径，通向河滩。沿着河滩走，也一样能抵达公路经过的地方吧。我暗自揣度，随即，怂恿仁增跟我一起走便道。自从光脚涉水后，我再也不畏惧邻水而行了。三个背着书包、拄着手杖的孩子擦身而过，他们步履轻盈，早已把大人甩在了脑后。

“仁增，唱首歌吧！”行路无聊，我建议道。

“唱什么呢？……姐姐，我不会唱歌哦。”仁增皱了皱眉。

“哪有不会唱歌的呢？”我笑道，“听见什么就唱什么呗。”

仁增思索片刻，终于开口，用标准的普通话唱：“爸爸……你去哪里啊？”一听这旋律，我顿时傻了眼：这不是某台的亲子节目“爸爸去哪儿”的主题曲嘛？！真没想到，在没有手机信号、没有网络、没有电视、没有微信的山路上，竟然能听到一档流行节目的主题曲。广告的势力真是不容小觑！

“下一首，下一首……”一曲唱罢，我又建议。

仁增琢磨了一下，再度开口，还是标准的普通话：“我们都有一个家，名字叫中国……”“这也是在电视上学的？”我忍不住打断他，好奇地问。“不是啊，学校老师教的。”“哦……”我恍然大悟。“再一个，再一个……”

“那……来个藏语的？”仁增挠了挠后脑勺，唱道：“仁波切……”他刚一张口，我便想起自己曾听过：在从甘孜到色达的路上，藏族司机一直在车里播放这首歌。高亢清澈的女声如泣如诉地歌咏自己对仁波切的崇敬、思念与感恩，旋律优美，过耳不忘。我随着仁增的歌声，哼出曲调。这一次，轮到小家伙好奇了，他侧头问我：“姐姐，你知道这首歌？”

“是啊……”我笑答。

“姐姐也有自己的仁波切吗？”仁增又问。

“当然！”我说。

“姐姐的仁波切在哪里？”

“在桑耶寺（西藏第一座佛、法、僧三宝齐备的佛教寺院，建于公元8世纪中叶），你听说过这座寺院吗？……”

一问一答中，两人不知不觉已走到河滩边。

最美的风景

河水挡住了去路。我和仁增迈过一座独木桥，来到河中央的石滩，无法前行。激流中立着几块磐石，石块之间距离很远，跳跃时，若控制不好力度，可能会直接掉进河里。我俩老老实实地在滩上等待，才旺师或索白——总会有人来。

“我们来玩打水漂吧！”闲着也是闲着，我拾起一块石头，半蹲着，斜斜地扔进河里。结果，石块一头扎了进去，再也没出来。

“哈哈……”仁增狂笑不止，随即拿起一块石头，说：“看我的啊！”然后扔进水里，“噗——噗——噗——”小石头冒了三次头，这才沉下去。

“刚才不算，再来一次！”我找到一块扁平的石头，弯腰扔了出去。石块落水后，再也没影儿了。

“哈哈哈……不行撒！我来——”仁增就近捡起一块石头，随手一扔，“噗！噗！噗！”又是三响。“嘿嘿……我厉害吧！”

玩了五六次，竟然没一次成功，引得仁增一次比一次笑得厉害。

“玩得好哦——”背后传来才旺师的声音，“是等我扶你们过河的吧？”我对他点点头。“等一下！”才旺师没在石滩停留，直接跃上河岸，卸下背包，这才回身接我俩过去。

“我的爸爸妈妈呢？”仁增问。“他们走对面山上的公路，不过来。”才旺师说。“没关系，姐姐带你走，会跟你的爸爸妈妈汇合的……”我安慰道。“哦呀——”仁增欢快地一路跑开。看样子，小家伙一点儿也不担心与父母走散。

山路上上下下虽然难行，但却令人感到十分快意。我和仁增爬上一道山脊，远远望见，河谷的尽头有一大片依山而建的房屋，规模之大，足以令这几日只睡帐篷的人感到触目惊心。

"前面有一座城市！"我惊呼道。

"是县城吧……"仁增猜测说，在他想来，县城就是最大的。

后来，才旺师告诉我，那是下大武乡——一个"乡"而已。话虽如此，当时，在见到它的那一刻，我和仁增着实兴奋了好一阵子。

"这么多房子……会有宾馆的吧？"仁增问我。"也许……应该有。"我答道。

"宾馆里，有电视看撒。""嗯！至少会有电吧……正好可以给相机充电。"

"我喜欢大彩电，大大的，哈哈——""说不定，还有手机信号和网络信号……"

"我要躺在床上看电视！""嗯，如果有标间的话，就可以洗一个热水澡了。"

"姐姐，我们今天晚上住在一起看电视吧！""好啊——"

"嗯……我要去吃一顿好的！县城里，餐馆多的有！""也许还有药店——我需要买一点治咳嗽的药。"

"姐姐，你喜欢吃什么，炒菜吗？""嗯！如果能吃上一顿青菜也不错哦！"

"哦呀！吃完饭，我们去超市撒！""那里还会有超市？"

"有，有……大武的有，达日的有，那里也有的！""你想买什么？"

"吃的撒！多多的。姐姐喜欢的，也买撒！""呵呵……好呀！"

我和仁增，怀揣着各自对"幸福生活"的种种幻想，一路憧憬，渐行渐近，眼前的那座县城仿佛已触手可及。关于城市生活的点滴记忆，忽如潮水般涌来，瞬间塞满了整个脑海。

"我们走错路了。"再次遇见才旺师，他这样告诉我：我们不能沿着就近的便道走，这条路会绕过格日寺，直接转到山后。"那……

我们今天的目的地是？”我问。“当然是格日寺！”对方以毋庸置疑的语气回答。

仁增一听说今晚不住县城，顿如泄了气的皮球，一脸颓丧：宾馆没有了，电视没有了，超市没有了，餐馆也没有了……一切如昙花一现，重新回到原本无所谓“有”的转山路上。

我们离开便道，走在一片平坦的草甸上。这里没有路，只是朝着格日寺的方向，直直地走过去。河对岸，公路绕进山坳，我们看不见索白夫妇的身影。失了念想的仁增走得更快了，似乎，他很快就接受了这般境遇。

在这片青色草甸的尽头，住着三两户人家。低矮的院落，夯土垒砌的房屋，若隐若现的铁丝网。不见炊烟，但闻犬吠；栏内空空，却见牛粪。匝眼望去，宛若一处安住于海拔 4000 米以上的世外桃源。

才旺师把我和仁增远远地抛在身后。他独自站在一片残垣断壁上，静静地，像是在举目远眺。那时，太阳西斜，与地平面约成 35° 角——一天中阳光最美的时刻，莫过于此。

此时的阳光，敛其锋芒，静谧而温柔，仿佛为世间万物披了一件暖衣，将五颜六色包裹在暖调中，让人不禁联想起母亲的微笑、大漠的孤烟、父亲的抚摸、山野的清泉、爱人的亲吻、深夜的灯火……此时的阳光，遍知一切情愫，能如魔镜般将笼罩其中的心绪放大万千，令人难以自持。若在此刻怀乡，定会思念致肝肠寸断；若此时萌生爱恋，便会沉醉至海枯石烂；若于当下断舍离，则如久病初愈，顿觉如梦一场……我站在阳光中，如沐甘露，身心舒畅，无所挂碍。视线所及，只有才旺师一人。他如效仿我一般，也举起相机，隔着镜头，于虚空中，远远对视，犹如孩子的游戏。耳边风声呼呼作响，眼中光影瞬息万变；而在心里，却是溢满连阳光也无法再放大的喜乐：

蓝天、浮云、青山、流水之间，仿佛只剩下小小一人，着红色僧服，背橙色行囊，遗世独立，坦坦荡荡，毫无挂碍地存在着。

一路行来，这就是我所能想见的最美的风景了。

温馨提示

走出草甸，格日寺的金顶遥遥在望。才旺师却遗憾地说：“我们又迷路了，前面有条大河，但没有桥，根本过不去。”他卸下背包，决定返身回去，问问那几户人家，如何才能过河。我和仁增便在公路边驻留，待其音讯。

远远地，看见才旺师走进一户牧民的院落，与一位应声前来的长者席地盘腿对视而坐，于夕阳下聊天。若在他们的面前摆一张棋盘，身边放一只暖炉，炉上煮着茶水；一人身后，立着三两棵大小不一的松树，一人近侧，几只仙鹤在闲庭信步；远处，青山如黛，其上挂几缕瀑布，穿云破雾而出……不知为何，眼前见到的分明是高原景象，但投映在脑海的却是一幅活灵活现的水墨画境。

“姐姐……玩撒！”

仁增在一旁手脚不停，一会儿攀爬铁丝网，一会儿蹬踹路边的草篱。接着，又找到两只空饮料瓶，并排立在路中间，走出数十米，回身以石击瓶。一击而中后，就再也打不中了，情急之下，才来叫我。我顺手拾起一块石头，向立着的塑料瓶扔去，空瓶应声而倒，我不由欢呼——打水漂时的落败感终于在此刻得到补偿。仁增气急败坏，又去立塑料瓶，想要再比一次。只是，瓶身不稳，松手便倒，试了几次后，我告诉他：“往瓶里装块小石头，就能放稳了。”仁增听话，赶紧打开瓶盖，往里面放石头。他的这一细小举动引起我的注意：

谁会喝完饮料后，不嫌麻烦地盖上瓶盖，再扔空瓶呢？这意味着喝饮料时，需一直保留瓶盖。

第二局还未开始，才旺师已回来了。他说：“沿着公路的方向，下到坡底，那里在修高架桥，桥下有过河的便道。”我和仁增二话不说，赶紧随他继续赶路。

眼前的河道，被人工挖掘或填埋的泥沙弄得支离破碎，高耸入云的桥墩如庞然大物般沿着河道依次排开，望不到尽头。走在过河便道上，感觉自己像一只穿行于城市工地的蚂蚁，眼前景物以放大数百倍的体量赫然伫立着。便道的另一头，索白夫妇正坐在路边等我们。五人汇合，仁增不禁开心地玩起了前滚翻和倒立。

继续往前，还要经过一条过河便道，才能抵达格日寺。土路上，施工车辆来来往往，不时扬起厚重的尘埃。一个穿着迷彩服的工人擦身而过，他好奇地看了我一眼，沉默地走开。我们穿过石料场，来到对岸。

路边竖着一块“温馨提示”牌：

地址名：占德滩，海拔：3992 米。1. 您已进入高海拔地区，请坚持服用抗缺氧药物预防高原反应；2. 在高海拔地区请您保证充足睡眠，注意饮食，保证营养供应；3. 高原气候多变，请您做好防寒保暖措施，寒冷和呼吸道感染可诱发急性肺水肿；4. 高原阳光和强烈紫外线可导致眼睛不适，请准备太阳镜、墨镜等防护装备；5. 若出现严重的胸闷、剧烈咳嗽、呼吸困难、咳粉红色泡沫痰等症状，应尽快到附近救治点进行抢救，或尽快转往低海拔地区。——玛沁县卫生与人口计划生育局宣

心想，已是转山的第三天，这块“温馨提示”可谓是姗姗来迟。我没有带任何抗缺氧的药物，睡眠也让渡于赶路，有墨镜却

从未使用，有咳嗽但不知是否会诱发肺水肿——无论如何，应该去找点药了。我把自己的身体状况如实告诉才旺师。他说，会去帮我找药。

礼佛

天色渐晚，格日寺下院的金顶在夕阳的余晖中灼灼生辉。此地亦是阿尼玛卿的贤弟詹德昂秀的圣地，浩大的经幡阵伫立在下院身后的山坡上。

根据我在桑耶寺考察所习得的经验，这座寺院此时应已关门。才旺师不知疲倦地走在前面，引我们绕寺院外墙转了一圈。太阳落山，天色昏暗，气温骤降。我气喘吁吁地回到寺院门前，才旺师正在那里等我。“走吧……”我招呼说。

“去哪里？”他问。

“找住的地方啊。”

“先要去礼佛！”他以不容推辞的语气说。

“哦……”我叹了口气，难道这座正在翻修的寺院还没关门？心头掠过一丝失望，双腿却跟着才旺师走向寺门。

转寺时，看见寺院的地面和金顶正在翻修。围墙外，公棚、用具堆得到处都是，凌乱不堪；心想：如此狼藉，怎能领受信众的朝拜？随才旺师入寺，走到大殿门前，信众纷纷卸下行李，脱掉鞋帽，光脚入内。掀开厚重的门帘，眼前顿时一亮，殿内果然别有洞天。与殿外的繁乱景象不同，大经堂光鲜整洁秩序井然，方形立柱巍峨高耸，步道上铺有地毯，天花板下悬挂水晶吊灯，墙上壁画色泽艳丽形象生动。我惊讶地看着殿中一切，一时间，竟忘却劳顿之苦。

才旺师送给我一条哈达，让我献给主供佛：十一面千手千眼观音。在主佛龛的两侧，又有一系列大小林立的佛龛。右侧供奉玛卿及其眷属，左侧供奉格萨尔王及其眷属。在佛龛两侧的墙壁上，各绘有一尊观世音，出乎意料，这两尊观音大士像示现的是汉地观音菩萨的形象：身着白衣，手执净瓶，脚踩白莲，亭亭玉立，清秀缥缈。礼佛时，我小心谨慎地跟在才旺师的后侧，以示恭敬。

供灯后，才旺师领我绕道殿外，直上二楼。进门后，先磕三个头，再走到近处礼佛。一组造像，沿正门对面的墙壁依次排开，他们是藏传佛教各大教派的高僧大德，如宁玛派的莲花生大师（印度佛教史上最伟大的大成就者之一，建立藏传佛教前弘期传承的重要人物，藏传佛教宁玛派祖师，无上密乘大圆满教法的传承祖师）、无垢光尊者（藏传佛教宁玛派的著名佛学家）和晋美林巴（藏传佛教宁玛派的大成就者）、噶举派的米拉日巴（藏传佛教噶举派的创始人，玛尔巴祖师的嫡传弟子，是西藏最著名的密宗修行大师）、格鲁派的宗喀巴（藏传佛教格鲁派的创立者、佛教理论家）、萨迦派的萨迦班智达（班智达的称号源自印度，意为学识渊博的大学者；萨迦班智达·贡嘎坚赞是第一位被誉为“班智达”的佛学家）等。造像的介绍牌上，不仅写有人物名称，还注有捐赠者的姓名与籍贯。捐赠者无一例外均来自内地，以佛山、广州者居多，且有台湾人。如是观，这座簇新的殿堂，确与内地信众关系密切。

来到顶楼，周边已无其他信众与僧侣，殿内灯火未燃，漆黑一片。才旺师径自推开殿门，一丝不苟地三叩首，然后走到主供佛前，告诉我，此处供有释迦牟尼佛和三怙主（怙主可理解为保护者、护法等，藏传佛教密乘的三怙主是观世音菩萨、文殊菩萨和金刚手菩萨）。我们献上供养，方才退出。本以为朝圣结束，可以赶紧离开，才旺师却又不缓不急地绕着佛殿金顶转经，我只好尾随其后，踩在冰冷的地面上，山风袭来，整个人不禁蜷缩成一团，饥寒交迫，倍觉辛苦。如是完毕，寺院僧人上殿锁门，我们这才缓步下楼。

坐在寺门外的索白一家，早已等候多时。他们与我一样，又冷又饿，但却没去寻旅店，也没去找餐厅，只等才旺师来做决定。才旺师把我交给索白，顾不得放下背包，便返身入寺，心想寺院或许会提供食宿。果然，他订到一个房间，里面有四张单人铺，且有充电插座。之后，又引我们到寺院餐厅，安顿妥当，方才离开。

望着才旺师行色匆忙的身影，我豁然意识到：做一个有担当的阿卡，其实非常辛苦；为了做出一个决定，往往要付出比信众多好几倍的努力与操劳。

后来，翻看资料才发现，格日寺下院是由格日寺的才让拉加活佛创建的，它的正式名称是“阿尼玛卿藏族文化中心，世界第一流的神奇宫殿”。可是，在转山者的眼中，谁会视它为世俗的“文化中心”？对于不辞辛劳前来礼佛的信众而言，宫殿或佛殿、文化中心或宗教场所，无非是名称上的区别，或可不做讲究；最重要的是，这里供有佛菩萨、护法和藏传佛教的高僧大德。

长着四条腿的床

晚餐过后，回到房间，才旺师正坐在自己的床上，手里拿着一瓶白酒。我吃惊地问：“出家人的五戒里，不是禁止喝酒吗？”

对方笑道：“今天心情不好……所以想喝点酒。”

我瞥了他一眼，鄙视道：“这也算理由？”索白在一旁偷着乐，终于忍不住告诉我：酒是用来擦脚的，不是用来喝的。原来，他们在路上听到一个偏方，先用冷水泡脚，再用白酒擦脚，就能缓解疼痛。

才旺师故作关切地问：“你要不要也试试？”

我赶紧摇头：“今天用冷水泡脚已经泡得够多了，不想再泡啦。”

大家一听，哈哈大笑。

索白一家出去了。才旺师脱掉球鞋，露出一双脚底已磨出两个大洞的薄袜子。脱掉袜子，他轻轻地揉着脚板，一句也没有抱怨。“明天，穿我的袜子吧。”我说。“为什么？”“你的袜子破了啊！”“没关系，已经买了双新的。”他递给我看。哎，又是不知从哪里弄来的劣质品。我敢打赌，这么薄的尼龙袜穿一天就会磨破——转山路上，鱼龙混杂的商品见得实在太多，从食品饮料到日用百货，乃至电子产品，一应俱全。

“对了……我给你买了药。”才旺师擦擦手，从衣兜里掏出一板牛黄解毒片。“卫生院关门了，这是在一家小铺子里买的。只有这个药我认识，其他不认识的不敢买。”我看了看背面的服用说明，责怪道：“买得太少了，只够一天的量。谁知道下一站还有没有卖药的？”才旺师耐心地解释：“这不是正规药店卖的。全是散包装，外壳的没有，说明书的没有，保质期也不知道，怎么敢给你多买？药不是其他，不能随便吃。如果是假药，你吃了更不舒服怎么办？再忍一忍，等过几天，我们出山后，在大武给你买好的药。”一席话，说得我哑口无言。

“我们回来啦——”仁增夸张地大叫道，一掌推开房门。原来，这一家三口每人买了一双新鞋。难怪仁增这么高兴，一进屋，便得意地翘起双脚，向我展示他的运动鞋。生产运动鞋的厂家通常都有一个奇怪的癖好，喜欢把该品牌的标识夸张地印在或做在鞋面上，让人一目了然。我仔细看了看他们的新鞋，没有一个标识是我认识的——这绝非我孤陋寡闻，经过 2008 年奥运会的洗礼，在北京生活过的人，谁会说不出几个主流的运动鞋品牌呢？

无论如何，有一双新鞋穿，总是令人开心的。望着索白一家满心欢喜的神情，我不禁默想。

躺在长着四条腿的床上，感觉很不习惯，如同亲历穿越剧一般，令人难以置信：真的是躺在长着四条腿的床上哦！

临睡前，我问才旺师：“明天几点起床？”

他与索白交谈几句后，回答：“五点钟吧！”随即又补充道：“明天有很长的路要走啊，而且一路都是上坡，不好走……”

“没关系……”心想，不就是走路嘛。

经过这一日转山，自觉身心变得愈发坦然：纵有磨砺与辛苦，但已深知承受这苦难的意义与因果，所以，不需瞻前顾后，没有焦虑彷徨，简直像生活在无愁无苦的忘忧国。如果每日醒来，知道自己今天要做的事，就是心无旁骛地走路——那么，这个世界，倒也简单了。

第四天

九月十三日 星期六

晨读

迷迷糊糊地睁开眼睛，忽见对面静静坐着一尊像：双肩低沉，双臂垂落，双手自然地放在两膝上，后背笔直，盘腿而坐；窗外的微光，投映在像上，仿佛为之镀上了一层纤毫白华，一切悄无声息。若非意识到自己还躺在床上，我会以为，此刻置身于一间佛堂，对面安住着一尊佛像。

“才旺师？是你吗……”我轻声说。

“你醒了？”对方问道。

“是啊……在干什么呢？”

“我想看看你，睡得好不好……”

我翻了个身，懒得搭理他。心想，分明是在做功课，却又拿我打趣。

“现在几点了？”对方又问。

我看了看手表，说：“快五点了。”

“你再睡一会儿吧。”

“嗯……”

再次醒来，正好五点。我大声叫道：“起床了，起床了……”才旺师依旧是那副坐姿，在一旁用藏语呼应。索白一家睡意正浓，各自蜷缩在被子里，磨蹭。昨晚，他们太过兴奋，一直聊天到深夜。今早不想起，也是自然。才旺师终于忍不住低声喝斥几句，索白穿衣起身，接着，是旺札措，最后，才轮到仁增。

“好像没有吃的了……”我想起昨天才旺师说的话。

“别担心！我已经买了吃的……”言罢，才旺师站起身，抖了抖衣衫，这才下床，从背包里拿出一袋冷馒头。于是，大家就着热水，啃了几个冷馒头，出门赶路。

院内，亮着一盏白炽灯，一个年轻的僧人正站在灯下读经。为何不在自己的房间里读经？外面多冷啊……从他面前经过时，我不禁纳闷。学经僧显然没有注意到我们的离开，因为，从诵经的声音里听不出一丝涟漪。

走出寺院，顿时陷入一片昏暗。远处工地上的探照灯，显得格外刺眼。才旺师、索白和我各自拿着一柄手电筒，负责照路。才旺师仍旧独自在前；我刻意走在最后，以便给身前的旺札措和仁增照明；索白虽然走在前面，却将手电筒反向拿着，意图照亮妻儿脚下的路面，他自己则深一脚浅一脚地摸黑赶路。如此，我索性把手电筒举得高一些，以便索白能看见些许路况。

一行人，借着手电灯光，趁夜经过占德拉则——这是一个在莲花形滩地的虎形大白石上建成的拉则，为供奉玛卿的贤弟“占德旺秀”。拉则背后的山，叫阿柔智格，是珍宝库和宝物伏藏处（伏藏指藏族苯教徒和佛教徒在其信仰的宗教受到劫难时藏匿起来，等到有再传条件时重新发掘出来的经典）。此处位于阿尼玛卿峰的东北方，若从西面朝拜阿尼玛卿，可将这里作为出发点。此地形似一面水晶镜，是占德的宫殿。相传，“永胜王”占德旺秀神是守护西门（或说西北门）的战神，他全身紫黑，右手持矛幡，左手拿套索及宝盘，金盔带锦，九器加身，胯下骑乌黑战马。

昨天傍晚转寺，途经占德拉则，我不由得好奇：其他的拉则多设在山顶垭口处，而这一处却建在平坦的滩地上。当时，天色已暗，看不清拉则群的细节，只好本能地拍了一张照片。今晨，仓促朝拜占德拉则，经幡彩旗看上去色泽鲜艳，想必是翻新不久。十三个拉则从大到小依次排列，与其他拉则不同的是，此处多出四个黑幢，据说，是由本地四位德高望重的喇嘛供奉的。

参看资料，方知占德拉则的玄机藏在这些经幡彩旗的深处，那里有一个备受保护的岩洞。此岩即是虎形大白石，或称水晶磐石。岩洞内，漆黑一片，借助外部光源，可见岩壁上有一个轮廓清晰的手印——拉隆华多的手印。

拉隆华多，在西藏历史上以用箭射死吐蕃末代赞普朗达玛而闻名。有文献记载，这位智勇双全的僧人曾是桑耶寺的第四任住持。真没想到，远在阿尼玛卿，却能见到他的手印。

占德拉则，是唯一一处未曾亲见才旺师煨桑祈福的拉则。昨晚，他匆匆离开后，也许便是赶来这里履行仪式的。

卓玛拉泽

沿公路步行约半个小时，天光泛亮，无须用手电筒。同行的朝圣者越来越多，相互热情地打招呼，或并驾齐驱谈天说地。我和仁增不停地追赶着走在前面的才旺师，索白夫妇偶尔也会跟上来，对我感叹一句："今天，你走得快哦……"然后，又以不紧不慢的步伐落在后面。在我的印象中，索白和旺札措一路上从未分开，宛如人与人影，片刻不离。

攀上一道山岗，眼前豁然开朗。才旺师坐在草地上等我们，他从背包里掏出几罐玻璃瓶装的沙棘饮料，问大家喝不喝。我接过一瓶，却又忍不住抱怨几句："想什么呢……背着这么重的饮料爬山，还嫌自己的背包不够重吗？"对方只是呵呵一乐。虽不想一清早就喝冰凉透心的饮料，但也更不希望才旺师再背着沉重的玻璃瓶赶路。匆匆塞了几口干粮，起身出发。

路旁，支着一顶黑帐篷。才旺师特意指给我看，他说："这是我们以前用的帐篷，现在，国家给牧民发了白帐篷，大家就开始用新的。因为白帐篷更高更宽大，又不会漏雨。我想，再过几年，你就见不到这样的黑帐篷了。"我点点头，顺势拍了一张照片。

不知何时,在公路一侧的山坡上立有一根根幡旗,旗上印有经文,一直延伸到不见尽头的远方。同伴告诉我，旗帜标记的就是转山路。越过山岗，幡旗与公路分道扬镳，我们沿着幡旗走在高处的草甸上，其下，是由公路串联着的一片又一片的工地。虽然幡旗与公路的方向一致，可远远望去，它们就像是两条难以交汇的河流：亦步亦趋，相互探看，彼此相隔不过百米，却好似远过亿万光年的距离。

我们快步穿过草甸，对从工地传来的种种噪音充耳不闻。

幡旗向陡峭的山崖上延伸，朝圣者不得不转而下行，进入从花石峡通往久治的高速公路施工现场。

平整而宽阔的路基赫然横陈于眼前，它宽大得令人感到茫然。双向四车道或双向六车道？我暗自揣度，这里真的需要如此宽阔的高速路吗？转山者走在这条路上，就像微尘漂浮于虚空，无着无落。面对这条形如伤痕迸裂的道路，周围的群山仿佛都默然隐退了。众人不再言语，只顾埋头赶路。

“你叫‘河北梨’？”也许是为了打破沉默，索白模仿才旺师的腔调，忽然问我。

“啊！”我随口应道，却想：既然汉语不好发音，不如告诉对方自己的藏文名，“我有藏文名字，我叫卓玛拉泽！”

“卓玛拉泽？”对方熟练地唤了一声，由衷赞叹道：“这个名字好的撒！”

“是啊……”我笑了，如此夸奖已不是第一次听到了。告诉对方：“我的喇嘛（即上师）取的名字。”

“你有喇嘛？”对方好奇地问。我点点头。“你的喇嘛在哪里？”“桑耶寺，他在桑耶寺，是寺院佛学院的堪仁波切（堪布的尊称）啊！”仁增把我的话翻译给他的父母听。索白夫妇的眼神里，忽然流露出一丝从未见过的柔光。

索白指着自己，郑重地说：“我叫索白。”随后，又指了指旺札措，说：“她，我的老婆叫旺札措！”此前，我早就从才旺师那里听说过他俩的名字；此刻，却是大家第一次面对面地介绍自己。

“索——白——”我学着他的发音，叫出他的名字。

“卓——玛——拉——泽——”索白高声地回应着。

“旺——札——措——”我学着他的发音，叫旺札措。

“卓——玛——拉——泽——”旺札措欢快地回应着。

“仁——增——”我叫上我的小伙伴。

“卓——玛——拉——泽——”仁增用尽力气，大声叫道。

一阵欢笑，撒落在空旷而坚硬的路基上，好似掷地有声。

“卓玛拉泽——”“索白——”“卓玛拉泽——”“旺札措——”“卓玛拉泽——”“仁增——”“卓玛拉泽！”“索白！”“卓玛拉泽！”“旺札措！”“卓玛拉泽！”“仁增！”“卓玛拉泽——”“索白——”“卓

玛拉泽——”“旺札措——”“卓玛拉泽——”“仁增——”“卓玛拉泽——”“索白！”“卓玛拉泽——”“旺札措——”“卓玛拉泽！”“仁增——”

我们用各种声调大声呼喊着对方的名字，仿佛是第一次认识对方，认识了自己。

偶遇

一路上，我们经过了很多格萨尔王（藏族长篇英雄史诗《格萨尔王传》中的主人翁，是世间无双的英雄，有些藏区将其供奉为神）的圣迹。据说，玛卿是格萨尔的保护神，他们无论在天界还是在地界都不分离。河谷对面，首先见到的是岭国时期格萨尔王的王妃珠姆的马圈，一道 C 型的褐色山崖从山脉中伸出，如情人的手臂拥住对面的青山与溪流，其下的空旷地，恰好作为马圈。随后，是一条狭长的青山，即格萨尔的马鞭。上面是鞭尾，下面是鞭头，名叫“智德机”。“智德”是本地地名，也有玛卿右手执鞭之意。有人说，此处是宝库，是格萨尔的如意马鞭伏藏。当初，格萨尔分财宝时，玛卿得到马央达瓦贡松，马鞭山便是此宝藏所伏之地。接着，是晒酪滩。这里是勇士“差格”的圣地，藏有格萨尔的铠甲盔衣。晒酪滩中的白石是珠姆晒奶酪所用的磐石。贝若遮那在圣迹志中写道，玛卿的北面有一块白色磐石，藏有许多宝藏，未来会用以消灾，说的可能就是这里。如今，晒酪滩已成为采沙场。

施工便道的两侧，没有帐篷，没有驿站，没有草坡，没有供人歇脚的地方。转山者只能在这条路上一刻不停地行走、躲闪、攀爬、跳跃、小心翼翼地绕过横在马路中间的施工车辆。即便在瞻仰圣迹时，也不得不时时留意路况，否则，很可能会被重型卡车的高音喇叭吓得魂飞魄散。

在这里，除了圣迹与工地，偶尔会见到一排排由复合板搭建的临时板房，那是施工工人的宿舍；会经过铁丝栅栏圈起的一块空地，那是安置各类工程车的停车场；会与成群结队的工人擦身而过，这些在高原谋生的内地人，说着各处家乡话。他们见我，就如同见到藏民一般，视若无睹。渐渐地，我也习惯了对方那种不相往来的神情。

不知走了多久，忽觉耳边一片安宁。混凝土碾压的“咣当”声、齿轮摩擦的“嘎嘎”声、高音喇叭的“嘀嘀”声、柴油发电机的“突突”声、轧路车的低鸣、发动机的轰响，以及五味杂陈的乡音……忽然都消失得无踪无影。耳边，只剩下干净的风声，“呼呼”作响。

我停住脚步，抬头向四周望了望，那些工程过半的混凝土桥基已被远远抛在了身后。前方，只剩下一条蜿蜒曲折的公路在山间穿行，青色草甸再度出现在道路两旁，而不再是裸露的岩土或残留的泥浆。更远处，几顶白帐篷，相依作伴。

跟随才旺师，我们走进第一间帐篷。我坐在火炉边的三人座旧沙发上，那里，已坐着一个汉族女人。有个藏族阿妈应声掀开厨房的门帘，走了出来。她说，这里只有奶茶和冷的果让（油饼），如果想吃其他东西，可以去前面汉族人开办的“兰州饭馆”。索白建议去汉人餐馆，可以吃得好一点。才旺师扭头看着我，似在征求意见。我向他摇了摇头，说：“不用去汉人餐厅，奶茶和果让就够了。”于是，一行人留在阿妈这里吃午餐，旺札措去兰州饭馆给仁增要了一碗卤肉面。

坐在帐篷里，讨论在哪里就餐时，裹着粉色头巾的阿妈一直坐在火炉的对面，沉默不语，带着习惯性的微笑，不停地用抹布擦拭水壶、茶杯、搪瓷盘子、铝锅，以及各种顺势拿起的东西。

这时，身边的汉族女人问我："你哪里来的？"

我说："北京。"

"哦……"对方感叹了一声，随即不解地问："跑到这种地方，做啥子……旅游？"

我笑了笑，不置可否。

对方不以为然地说："我是来打工的！"

"哦……"

"你要走着耍？"

"是啊。"

"那啥子累哦……咋不找个车子嗫？"

我想了想，找到一个对方或能接受的理由："没钱。"才旺师坐在一旁，听到这里，忍不住扑哧一笑。

"哦……辛苦了撒！"汉族女人向我投来同情的目光。我应声点了点头，不知该跟对方说些什么。

坐了一会儿，汉族女人起身告辞。当她从我的眼前经过时，我留意到：她穿着高领的保暖内衣、人造革的掐腰"皮衣"和做旧的紧身牛仔裤；头发在劣质药水的烫染下变得干枯分叉，机械地打着卷儿；一对浓眉，应是二十世纪八九十年代的产物，那时，流行"纹眉"，即用深色药水在眉骨处的皮肤上文出两道眉毛，如文身一般，药水渗入皮肤，既不能改写，也无法擦拭，如是保留一生。然而，当年的时尚，此刻看来，却像是两道伤疤残留在脸部最显眼的地方。脸颊处的皮肤上，布满深浅不一的雀斑，想必是高原紫外线和廉价化妆品综合作用的结果。嘴角上，残留着一丝口红的痕迹。人过中年，无论如何，身材保持得不错。——这本是一副在内地中小城市常能见到的汉族女人的形象，贸然出现在高原上，令人着实恍惚，仿若时空错置一般。

佳嫫转山

吃完午餐，继续赶路。“快走”的卓玛拉泽，再也走不快了。索白夫妇以始终有条不紊的匀速运动超过了她，且将她远远地甩在脑后。

阴云密布，逆风来袭，走在缓慢上升的坡道上，每一步都要耗费比以往多出数倍的气力。才旺师所说的难行之路，原本是一条由幡旗标示、横居山腰的碎石便道，山道狭窄绵长，据说以前常有朝圣者或牲畜从这条碎石道上滑坠至山下，横遭意外。如今，在碎石山道的下方，修建了一条单车道的土石公路，取而代之。走在公路上，仰头看一看左侧的山体，依稀还能见到碎石山道的痕迹。

同行者纷纷擦身而过，如流水平滑地绕过静止的石头。经过时，还不忘好奇地回望一眼，大声评论道：“是个佳嫫？……”“是个佳嫫！”

一群年轻人从我身边走过时，刻意放慢了速度。我想，他们大概是有话想说。果然，有个男孩问：“你一个佳嫫，你来干什么？”颇为流利的汉语，让我有些吃惊，便答：“来转山。”

“你来转什么山？”对方的语气很是生硬。

“我为什么不能来转山？”我反问。

“你信佛吗？”另一个男孩凑上前，问。

“信！”

“你的老公是藏族人？”

我不由笑了笑，心想：信仰难道和婚姻有直接关联？于是，据实相告：“我的老公不是藏族人。”

“哦……”对方似乎得出了结论，反问道：“那你信什么佛？”言下之意，那就更不要假装来转什么山了……

难道，只有藏族人才可以信佛吗？——话到嘴边，又咽了回去。我换了个说法：“是的，我的老公不是藏族人，但我的上师是藏族人……”如果信仰一定要跟民族扯上关系，那么，这或许是一个能被理解的缘由。

这群年轻人顿时陷入了集体沉默。他们不再言语，只顾加快脚步，离我而去。其中一人，忽然回头对我说：“路上注意安全……”我笑着点了点头。

后来，我把这番遭遇说给才旺师听。对方听后，叹了口气，说：“老师，让你受委屈了……”我摇了摇头，“委屈？倒是没有。”这群藏族青年所说的，不过是他们本能的想法。倘若你遇见十个佳嫫，都是来这里做生意、打工或当公务员的，那么你自然不会想到第十一个佳嫫是来转山的。作为一个“佳嫫”，这就是我在藏区不得不面对的境遇——无法改变自己的民族属性，自然也无法改变附着在这个民族属性之上种种带着感情色彩的主观臆断。

事实上，我也从未试图去改变或隐瞒自己的民族属性：既然是不可选择的，便自有其因缘；与其去嗔恨责怪，倒不如坦然面对。即如面对自身民族的优劣性一般（也许，这世界上本就没有一个天生完美的民族），与其文过饰非，倒不如规规矩矩地接受，认认真真地改变——即便无法改变他人，至少，也应改善自己。

一把糖

此时，风雪交加，冰水顺着脸颊流进衣领，我仿佛又回到了首日转山的困顿之中。公路绕着山坡，蜿蜒而上，在远处拐了一个弯，闪身躲在山的背后，看不见了；莫非，那里就是此行的终点？于是在心中默默期盼，一步一步腾挪到那里，才发现，前方还有一段更长的山路在等着我。

才旺师和仁增早已走得不见踪迹。索白夫妇，从一对尚可辨识的身影，渐渐变成两个缓慢移动的黑点，最后，隐没在前方的若干个黑点之中。我不得不独自面对剩下的路。

两个磕长头的年轻女人从我身边路过。她们将头发束成一纽，盘在脑后，戴着毛线帽和口罩，看不见面容。两人一前一后，步调一致地行走、叩首。站立时，风雪裹身；扑倒时，身陷泥浆。乍眼看去，像两个从远古走来的泥人。缓慢的呼吸，缓慢的步伐，缓慢的动作……不知持续了多久。我不禁好奇：当她们在磕长头转山时，她们在想些什么？

一位老伯走上前，把我仔细端详了好一阵子，然后，从怀里掏出一把糖，递给我。我疑惑地望着他，接过糖，说了声“瓜真切（谢谢）”。老伯笑了笑，伸出一只手指，放在嘴边，示意我“吃糖”。于是，我从粘黏到一起的糖块中掰下一颗，放在口里。老伯又笑了笑，这才起步，往前赶路。

……

“你在路上，有没有遇见一个老伯？”后来，在驿站休息时，才旺师问我。

“有啊……你怎么知道的？”我不解地问他。“我们遇到啦！他跟我说，‘后面有个韩国人在走路撒！’我一想，哪里有什么韩国人，明明就是你嘛！所以我告诉他，那个人不是韩国人。”

“然后？”

“他又说，‘哦……那就是个日本人！’我跟他说，那也不是日本人。他就生气了，问我：‘你怎么知道的？’我告诉他，因为我认识这个人！然后回头，指了指你——你今天走得慢撒。说：‘那个穿红衣服，黑裤子，拿着手杖，背着摄影包，脸白白的，戴眼镜的，女的嘛。’他连连点头，说：‘就是就是！她是……’我告诉他，是个佳嫫。他吃惊地问：‘佳嫫在这里干什么？’我说，跟我们一样的转山嘛。于是，他就说：‘这个佳嫫厉害啊，真的了不起……’后来，他在路边休息，我接着赶路撒。”

了不起？我暗自寻思：倒也不至于，朝圣者不都是这样做的嘛。我问才旺师：“你怎么知道我会遇见他？”

“因为他走得慢，你们肯定会遇到。”

“哦……他给了我一把糖。”

“那你就好好吃呗！”才旺师笑道。

才旺师和索白一家在公路旁的驿站里等我。这里只有一顶白帐篷，用布帘隔成两间，大间是餐厅，小间做厨房兼卧室，一对年轻夫妇带着孩子住在这里。才旺师坐在门对面的上席，索白夫妇坐在他的右侧，我走进门，脱下雨衣，挂在门口，顺势坐在门边的座位上。我来得晚，大家已点好了饭菜。不过，才旺师还是细心问我，想吃什么。我摇了摇头。这时，站在一旁的厨师忽然补充道：“我们这里没有肉哦！”

我好笑地望着他，说：“我也没说要吃肉啊。”

仁增坐在一旁，大声辩解：“我吃肉的是！姐姐的不是。”

虽然帐篷里生着炉子，可还是觉得很冷，不禁起身，凑到炉边暖手。“手套呢？怎么没戴？”才旺师问我。

“淋湿了，放在包里……戴在手上会更冷。”我解释说。

“拿出来。”

“干什么？”

“烤一烤就干了……一定要戴手套，否则，手指会冻掉！”

我不以为然地瞟了他一眼，心想，你怎么不戴手套呢？话虽如此，还是乖乖地拿出手套递给他，他便坐在一旁专心致志地烤手套。

真是一顿丰盛大餐！每人一碗安多面片，还有两份厚厚的摊鸡蛋和圆白菜炒粉丝。“多吃一点……接下来全是爬山的路，更不好走！哈哈……”才旺师在一旁打趣。索白夫妇不理他，两人相互让菜，忙得不亦乐乎。我赶紧吃完，省得索白等我到最后，只能吃凉菜。仁增酷爱速溶奶茶，正忙着往杯里倒热水。我的身体渐渐暖和起来，手套也干了，带着炉火的温度。一群朝圣者涌了进来，有老有少，想必是一家大小全都出来转山朝圣了。

才旺师起身，示意我们赶紧让座。于是，一行人收拾行李，穿好雨衣，拿着手杖，重新上路。推开门帘的那一刹那，寒风扑面而来，我不禁打了个寒战。才旺师看了看天色，忧心忡忡地说：“今天天气不好，山上可能会更冷……”

拉加洛

此行的目的地是“智德卡”，一处瞻仰玛卿的重要垭口，在此，能目睹阿尼玛卿的正面。据说，天气晴朗时，可见十几座锥形山峰直抵云霄。山顶白雪皑皑，山间云蒸霞蔚，山体在阳光下光彩熠熠。垭口处，积满大小不一的拉则，经幡彩旗纵横交错，隆达如积雪般遍布脚下。垭口下，是一片白滩，名为“华吾查格尔儿”（“勇士铠甲”）。那里有一块四方白岩石，相传是格萨尔王升天时伏藏铠甲的地方。

站在垭口，可远眺玛卿的母亲“多杰智吉加姆”，还可遥望“柏格冬香”（“千顶帐篷群”）。据老人讲，以前可在这里听见鼓瑟琴笛声。但从表面看来，眼前所见是玛卿雪山的积雪堆积处，最近四十年，积雪消融的速度越来越快，雪融后的地方，就只剩下漆黑一片的土地了。

我们好不容易才爬上智德卡的垭口，虽然，此前也见过不少垭口及其拉则，但智德卡的恢宏气势仍令人叹为观止。与寒冷萧瑟的天气迥然不同，这里竟是一幅热闹喧嚣、车水马龙的景象。大大小小的帐篷沿公路两旁依次排开。帐篷餐厅，门帘洞开，一阵阵食物的香气扑面而来，诱人食欲大增。各家商店，此起彼伏地播放着藏族流行歌曲；其间，夹杂着从供灯室传出的清朗佛音。路面上，积压着来自各地的汽车、摩托，急促的喇叭声不绝于耳。转山者拿着煨桑的供品、经幡和隆达络绎不绝地穿行其间。

垭口的左侧，有一座两层圆柱形的石砌煨桑台，名为“无别吉祥法轮煨桑台”，由格日喇嘛土才重建，据说，五世达赖喇嘛曾在此写下玛卿祈请文。煨桑台中，供品堆积如山，其上桑烟滚滚，似与天接；台上，两位僧人正一边绕转煨桑台一边大声诵读煨桑仪轨；台旁，一群年轻人高呼着“拉加洛——”（神胜利），奋力向空中抛洒隆达，这些印有符咒的纸片顿时随风飞扬，继而如雪片般哗哗落下。沿着煨桑台的方向，继续往上，不远处有一座两层石砌的方形拉则，方形石台上，由粗细相当的枝条立着合围成一圈，其中插满各色箭旗，正中央竖有一根金幢。

在这座拉则的后方，沿着陡峭山坡，十二座拉则一字排开，经幡彩旗漫山遍野，放眼望去，势如喷涌不息的五色熔岩从山顶倾泻而下。在拉则群的左侧，立有一座金色宝塔，在阴云笼罩的弱光中闪烁着柔和的光芒。宝塔的旁边，有一段一人多高的经石板墙，其上垒满经石板与嘛呢石，并供奉有哈达。

垭口的右侧，白帐篷群的背后，与拉则正面相对，有一根巨大的经幡柱。柱头上，系满五色经幡，长短不一的经幡彩旗向四周延伸，一时间，天上地下竟全都是它们的身影。幡旗在山风中上下翻飞，猛力击打着彼此，发出“噗噗”轰响，势如千军万马驰骋而来。

越过绚烂夺目的经幡群，眼前景象便忽然失去了色彩，在黑土与白雪之间，只剩下无休无止的灰色：深灰、浅灰、暗灰，以及阴云倒影在冰雪上所散发的微弱银光。灰色冰川在垭口的山崖下戛然而止——看得见它的终点，却望不到它的起始。

此时，浓云密密匝匝，将整个玛卿山脉遮挡得密不透风。冰雪如凝固的洪水，泛着滚滚浪花，从山峦的缝隙间奔涌而出，静默地横陈于眼前。三三两两，站在冰川上的朝圣者，形似蝼蚁，纤小而脆弱。

阿尼玛卿的威严，如酷寒一般，于无声处悄然袭来，令人不禁为之深怀敬畏。

圣石

才旺师找到一个偏僻处，将背包卸下，嘱咐大家，除了随身物品，其他的全都放下。大家把行李聚在一起，用我的雨衣盖上，再在上面压两块石头，即是宣告“此物有主”。一行人开始朝圣智德卡。才旺师告知说：“在这里停留的时间，要长一点。”我点点头。

拿出从西宁一路背来的香烛，先去供灯室供灯。这间密闭的铁皮房，被灯火烤得炙热，进去不过几分钟便会汗流浃背，点完灯，我赶紧退了出来，在门口等才旺师，他要念完供灯仪轨才会离开。接着，才旺师拿上煨桑供品，与索白去煨桑台煨桑。我便与仁增一起绕转拉则群。旺札措已远远走在我们的前面。说是绕转拉则，其实，很难把延绵至整座山坡的十三座拉则全都囊括在内，通常，只要绕转为首的那座大拉则就可以了。

向山坡上走去，沿途，需不停地俯身捡起躺落在地上的经幡，侧身从幡下钻过。不能直接越过，更不能践踏经幡：因幡上印有经文、咒语、佛像、护法，或其他具有神圣意义的图案和符号——从下经过，是向其表示尊重与敬畏；从上跨过，则为不敬与亵渎。也许是担心我这个“佳嫫”不熟悉藏族人的宗教习惯，每次进入经幡阵，才旺师都会在身边时时提醒，“不能踩！不能踩！……”

这次，仁增上前开路，他拾起经幡，举至头顶，等我曲身从下面钻过去，才又放下经幡跑到前面，再去捡拾，等我通过，如是反复，直至我俩走到大拉则的跟前。大拉则的一角，将系经幡的绳线勒得很紧，仁增如小猴般敏捷地从下面的空隙里钻了过去。我钻不进空隙，又举不起经幡，急得在后面哇哇大叫：“仁增啊……我过不去，怎么办？”仁增跑过来，帮我用力地往外推幡旗，试图在拉则与经幡之间造出一条缝隙，“姐姐，不要紧，你一边过来一边念‘嗡玛尼呗美吽’，就算踩在经幡上面，佛菩萨也不会怪你。”仁增安慰道。“好吧……”我把地上的经幡拾起来握在手里，侧着身子，小心翼翼，与层层叠叠的经幡擦身而过。

离开大拉则，沿着山坡往前，经过石经板墙，绕转金色宝塔。接着，一直下到公路旁，才旺师和索白夫妇在路边等我俩。站在公路边，可见垭口下方的一面湖水，面积很小，水色青绿，四周不见献祭供奉的朝圣者。才旺师告诉我，那是智德垭口的圣湖“玛旁雍措”，又名“仙女镜”。相传，是龙王皱那仁庆的魂湖，湖中有各种黄丹（药物名）。因莲花生大师有恩于龙族，皱那仁庆便将自己的三女儿美朵拉泽作为供品献给大师。莲花生大师又将她送给格萨尔王的父亲桑龙大王为妻，并改名为“果萨拉毛”，而成为格萨尔王的母亲。信众相信，女性在此供奉会很灵验。

下至湖边，邻水而行，走出一段路，随后，攀着黑色砾石一直往上，沿途依旧要不停地拣拾经幡，侧身钻过。黑色的砾石阵中，隐藏着数面湖水，水色湛蓝有之，青灰有之，浅黄有之，墨绿有之。宁静的水面，不起一丝微澜。各面湖水，映衬着同一片天空，为何会有不同的颜色？我不禁好奇。

大家专心致志地望着脚下，旺札措和仁增是为走路，才旺师和索白则是为了找石头。这两个大男人，原来都是奇石爱好者——与其说是“奇石”，倒不如说“圣石”更合适些。置身于圣域的石头，即便看似平淡无奇，也会被信众奉为难得的圣物。

“卓玛拉泽——你不捡几块石头带回家吗？”索白问我。“当然要带几块回家的……”我笑道。俯身，顺手捡起两块石头，装进腰包。站在一旁的才旺师诧异地望着这一幕，问我：“你这就捡到石头啦？”

“对啊！”我故作神秘地回答，“我和你们捡石头的方式可不一样，你们是埋头寻找，这个好看……那个好看……然后捡起来。我不是这样的……我是张开耳朵仔细听着，有的石头会叫唤说‘你捡我吧……你捡我吧……’我听它叫得这么辛苦，就把它捡起来了。所以啊，你们是在找石头，而我呢……是石头在找我！”

原本是一番逗趣的话，没曾想，才旺师却听得格外认真。

出神

朝“柏格冬香”的方向，择路而行。不知为何，感觉脚下越来越轻，渐渐地，几乎体会不到砾石撞击鞋底的感觉，仿佛离地半寸，飘着“行走”。然而，每次迈步，依然准确无误，仿佛是身体在控制自己该往哪里行走，如何避开滑道，如何跨越磐石，如何穿过经幡，如何与同伴保持步调一致，如何在行走中稳住呼吸……一切决定，未经思考便直接通过经脉传达至每一处末梢，每一个细胞。它们配合得天衣无缝，代替“我”指挥并保护着我的身体。以至于，我的同伴们都未觉察出我的异样。

与此同时，感觉伙伴的声音越来越远。明明近在咫尺，但听言语，却像是远隔千山万水般传来，飘忽而低沉，那已不再是我所熟悉的同伴的声调了。若听我自己说话，那声音仿佛不是出于我口，而是来自不知何处的某地，连自己都觉得陌生。我不知道这一切是如何发生的，就像收音机自动切换了频道，于毫无防备之中，忽然彻底地完整地陷入另一种迥异的境地。我，与自己、与这个设身处地的世界之间，仿佛存在一层透明的难以言说的隔膜。

站在黑色砾石阵的边缘，灰色冰川尽在眼前。同伴们正发自肺腑地高声欢呼，挥舞手杖，奔走相望，拍照留影。仿佛终于等来能完全释放的这一刻，积蓄已久的情绪，如火山爆发般一涌而出，欢喜、兴奋、激动、敬畏——如熔岩、砾石、粉尘、烟雾……所有一切，劈头盖脸迎面扑来，尘世终归于尘土，尘土之中，伫立着极乐世界。坐在一块石头上，我静静地望着眼前的景象，再次产生奇妙的出离感。这次，不是因为自己太累，而是因为“我”不在这里。

我的沉默，终于引起才旺师的注意。他走过来，问：“你怎么呢？”

那个声音，仿佛是从山谷深处悠然飘来。我抬头望了他一眼，说：“才旺师……我觉得，自己好像不在这里。”

他哈哈大笑，说：“你不在这里，那你在哪里？难道被玛卿请去喝茶呢？……”

我不再言语。他见我并非说笑，便蹲下身，轻声问我：“你是不是哪里不舒服？有高原反应吗？”

“哦……这就是传说中的高原反应啊！”我感叹道，随后又说：“你不用担心。类似的体验，以前也经历过。”

“是吗？”对方狐疑。

“是啊，你看——我现在不是在条理清晰地跟你讲话吗？我并没有犯迷糊，我的身体和大脑也没有失去功能……你不用担心。只不过，我觉得自己的心神不在这里，而已。”

相似的经历，的确发生过一次，我并没有对才旺师说谎。那次，是在扎央宗修行洞（位于西藏山南地区扎囊县境内的一处圣迹）的山下，一座尼姑寺里。当时，堪布和我在厨房里等晚餐，闲来无事，我便开始诵持金刚萨埵的心咒。如是，不知念了多久，蓦然听见一个声音远远地传来：“卓玛拉泽……卓玛拉泽，吃饭啦！”

我应声睁开眼睛，向四周望了望。

堪布大笑，说：“我以为叫不醒你了！”

我不明就里，答道：“我听见有人在叫我……”

“那是我在叫！”堪布说。

“是吧？但声音不是现在这样，听上去好像在打电话，很远的……”

“哈哈——就是嘛！你差点儿要入定了。不过，你要真入定了，这顿饭就不知道什么时候才能吃得上啦。幸亏叫醒了你！”

这种感觉，就是入定的先兆吗？我不知道，试图回忆时，那种体验早已消失得无影无踪。

不知这两段经历，究竟有何关联。体验之事，虽难回溯，但多少会留下些印记，一旦虎符合印，便会一击而中，自知那恐怕是同一类感受。

巨人

在冰川积雪前坐了一会儿，大家起身往回走。我本以为可以下至冰川，走一走，或是绕着大经幡柱，转一圈，然而，终因我的“不在场”，一一作罢。才旺师和索白时常绕着道儿去寻石头，旺札措带着仁增一路往下。

我走着走着，忽然见到一块磐石，索性坐下。心想，应该在这里念一圈六字大明咒（嗡嘛呢叭美吽），却不知这个念头从何而起。掏出随身携带的水晶念珠，闭上眼睛，一边数着珠子，一边专心持咒。水晶的凉意透过指尖，传遍周身，沁人心脾。持咒完毕，睁开双眼，所见之景象，似乎比先前的真实几分。起身，继续赶路。

我和旺札措在湖边的公路上等待，才旺师和索白回垭口处取行李。为绕近道，我们离开公路，在急转直下的高原草甸上行走，那里阡陌交错，交织着朝圣者用双脚踩出的数条羊肠小道。一路上，才旺师寸步不离地守护我，唯恐我这个魂不守舍的人失足滑坠。

“好啦……不要紧了。”“没关系的。”“我会小心的。”“放心吧！”……如是安慰的话，说破嘴皮也没有用，索性随他牵着手，扶下山坡。

重新回到公路上，才旺师如释重负，对我说：“现在，可以自己走了。坚持一下，前面不远有驿站，我们今天在那里休息。嗯……”他顿了顿，又说：“幸亏你今天叫大家早起，不然，我们就得在智德卡过夜了。”

“不是你们昨晚商量说，今早5点钟起床的嘛？！”我不解地问。

“哦……那个啊！”才旺师不好意思地笑了笑，说：“我们是跟你开玩笑撒！”

我不禁瞪了他一眼：“这样的事情，也能开玩笑？”但转念一想，其实是自己走得太慢，耽误行程，否则，即便晚一个小时起床，才旺师和索白一家也能及时赶到前面的驿站。

山上，不时传来一声巨响，据说，那里要修隧道，眼下正忙着炸山。从甬道里清理出来的石块，成堆垒放在路边。这些石头里，含有一种银灰色的矿石，既非金亦非银，不知是什么。尽管如此，仍有许多朝圣者兴致勃勃地在路边敲打石块，希望能带些矿石回家。

阴雨绵绵，看似和缓，却能在不知不觉间将整个人浸透。我坐在石堆旁，感觉慢慢恢复了心智，身体也变得越来越沉重，疲惫来袭，仿佛要把自己碾碎了一般。“才旺师……可不可以不要再找石头啦？”我在雨里冻得瑟瑟发抖，百无聊赖地想，此人真是精力充沛啊！他一边应着，一边往石堆深处走去，将雨伞弃置一旁。

眼见等待无望，只好跟随索白夫妇继续前行，走了一个多小时。忽然，索白停住脚步，示意众人往后看，于是，便随意地向后瞟了一眼，竟发现玛卿的冰川积雪就在身后不远处，扑将而来的阵势令人触目惊心，所幸，它是凝固的——像个冰雪巨人，趴在山坡上，好奇而又悄无声息地打探着卑微前行的小矮人们。

走了这么久，还是走不出它的视野吗？我不禁感叹。

“我想回去拍一张冰川的照片。”我对索白说，经停处，不巧有一堆石块挡住了视线。“去吧。”索白点头。绕过石堆，玛卿冰川一览无余，冒着雨雪，拿出相机，拍了几张照片。忽然想起此前经过一处摩崖石刻，索性，再往回走几步，把这尊观世音菩萨像也“请”进相机。

事后，查看资料，才知道这尊三面四臂观世音不空羂索像，妙用非凡。据说：

凡瞻仰此像者，其功德如《续部》所云，能洞见观世音菩萨的布达拉无量宫。一见此像，即能彻底解脱八大地狱、八种恐惧和五无间罪的所有苦难。一见此像，即可清净舍弃法罪、谤佛菩萨罪等大小一切罪障，积累如百千大梵天之福德，获得世间所有善根；临终时，观音现灵，安慰超度；死后往生极乐世界，远离一切孽障，且能忆念5000 年的宿世；证得菩提果后，今生是为最后一次轮回！一见此像，即具不可思议之福德资粮，若能时常观想弘法，将取得不退转果，最终正获无上正等正觉。

只可惜，当时风雨交加，转山者自顾埋头赶路，真正瞻仰或朝拜这尊观音像的信众并不多。

绝望的一夜

抵达驿站，天色渐晚。掀开门帘，我惊讶地发现两行通铺的中间过道上，立着一个铸铁炉子，我兴奋地问店家：“会生火吗？”店家点点头，说待会儿就送来牛粪。有炉火就会暖和，于是，我当机立断地向同伴们宣告：“今晚，我要睡在炉子的旁边！”大家点点头，不以为然地笑着。

我和仁增裹在被子里玩石头剪刀布，索白夫妇出去找吃的，才旺师继续他的“冷水白酒”疗脚法。听他唏嘘不已的呻吟，我在一旁逗乐：“真是奇怪……为什么我的脚就不疼呢？”才旺师立刻回敬一句：“我的脚虽然疼，但不像某个人被玛卿请去喝茶啊！”不约而同，狠狠瞪了一眼对方，继而各自忙各自的。

不久，一群年轻的朝圣者头顶雪花，身披雨衣，裹着寒气，冲进帐篷——也是留宿者。看来，外面的风雪越来越大了。若非气候恶劣，以他们的脚力，恐怕还会继续赶路。店家送来牛粪，大家七手八脚地点燃炉火，帐篷里顿时升起一股暖意。

索白回来，一手拎着暖水瓶，一手抱着方便面。坐下后，他将面碗打开，倒上热水，直到面条泡好，才将两只碗分别放在我和仁增的手里。裹在被子里，烤着炉火，吃着热气腾腾的方便面，感觉格外幸福。

这时，索白像魔术师似的忽然从怀里掏出一袋白水煮蛋。“居然有煮蛋！”原来好戏在这里，我惊喜地叫道。显然，我的反应在对方的预料之内，他温柔而满足地微笑着，把塑料袋递给我。我掏出一个鸡蛋送给仁增，然后自己拿了一只，把剩下的还给索白。索白又让给旺札措，可旺札措对煮蛋没什么热情，塑料袋周转一圈后，又重新回到我的手里。这一次，我和仁增毫不客气地吃掉了所有鸡蛋。心想，这应该不是错觉：索白一直在像照顾自己的孩子那般关照着我。

“明天几点钟起床？”我一边吃面，一边问同伴。索白刚伸出五个指头，就被才旺师喝住了，他用藏语简单交代了一句，想必是告诉对方：在这件事情上，可不要跟我开玩笑！索白立刻收起手指，慎重地想了想，说：“六点……嗯，还是六点半吧！”

我哈哈大笑，指了指自己的脑袋，告诉同伴：“我这里有一只生物钟，比闹钟还准点，只要定好了时间，它一定会按时叫醒我……”听到这里，大家顿时流露出不可思议的神色，情不自禁地点点头。

又是一个半梦半醒的夜晚。虽然，才旺师早就给我打过预防针，他说：“这个驿站，就在公路旁边，晚上很吵，你凑合着住吧。”我轻慢地回答：“城市里来的人，最不怕的就是汽车噪音了，呵呵……”然而，这里的音、声却有所不同。

重型卡车呼啸而过。倘若一直是平稳地驾驶倒还好，可惜，就在帐篷的前面，公路上横着一条不宽不窄的水沟，卡车越过水沟时，会发出“轰隆”一声巨响。伴随着这种声音，车灯也会猛烈颠簸，射在帐篷上的光柱，忽如闪电一颤。整个情景，就像雷公雨婆在你身旁作业，岂能容人安睡。卡车鱼贯而过，那些开车的司机，想必也很辛苦。还有地面的轻微震动，也会通过薄薄的木板和潮湿的铺盖传递至每个人的身体。人们极不情愿地翻身，发出无可奈何的叹息或咳嗽。

像是与之较劲，这一宿，山风来得格外猛烈。夹杂着雪粒与冰水，从智德卡掀起的寒风，顺势而下，在山谷中横冲直撞，形如困兽犹斗，声似咆哮呐喊。蜷缩在被窝里，我很担心这顶看似弱不禁风的帐篷会被它瞬间撕得粉碎。也许，它想撕碎的，还远不止是这一顶单薄的帐篷。冰雹打在篷布上，“嘭嘭”作响，像一阵急促的敲门声。我向门帘处望去，没有人进，没有人出。敲门声，却无休无止。

炉火，不知已于何时熄灭。寒意如幽灵般乘虚而入，顺着门帘的缝隙，篷布的漏洞，炉子的烟囱，地上的矮草，黑夜的睡意……溜进来，挤挤摞摞地塞满整个帐篷，任凭你在身上堆积再多的被褥，仍觉寒冷。“旺札措……旺札措……”我轻声呼唤躺在身边的人，希望能得到些回应，可她沉寂如睡美人，连一声呼噜都没有。也许，人们的呼吸声早已掩埋在山风与车鸣中了。

真是令人倍感绝望的一夜。我睁开眼睛，望着忽明忽暗的篷顶，徒劳地，想从中辨认出某些影像，就像占卜师盯着水中的茶梗，渴望读出关于未来的征兆。

第五天

九月十四日 星期六

寻找一座塔

凌晨三点，似梦非醒间。像是被人猛抽了一记皮鞭，陡然惊醒：我张开眼睛慌张四顾，原来，是那群晚到的朝圣者在起床穿衣整理行李。半个小时后，惊扰梦境的喧哗声随着人们的脚步离开了帐篷。打开的门帘，再没有关上。寒风催促着雨水，肆无忌惮地闯了进来。我睡得离门最近，且只有我一人醒来；于是，披上一件外衣，颤颤巍巍地下床，顺着通道，摸黑去系门帘。

走到门口，忽而想去小解，便径自跨出门。工地上的探照灯夺目而来，一时竟睁不开眼，伫立片刻，这才往前，绕过固定帐篷的线绳，转到帐篷群的背后，哆哆嗦嗦地走向河谷。一根木头挡住了去路，想必是提醒起夜人“到此为止，请勿往前”。我就地蹲下，幽暗的河谷，一眼望不到底，在其上方，有一片幽蓝闪着静谧的荧光，那是玛卿的冰川积雪。在黑夜中，它散发着鬼魅般的光泽，沉寂、幽静，处变不惊，仿佛以自身的极度严寒冷却了世间的一切繁华——与昨日见到的景象，迥然不同。在被它冰封之前，我赶紧地跑回帐篷，系好门帘，钻进被窝，寻找那一丝想象中的暖意。

再度睁眼，是被才旺师唤醒的。他幸灾乐祸地说："我们的闹钟，今天怎么不灵呢？"我对他做了个鬼脸，在被窝里赖了一会儿，起身穿衣。帐篷里，就剩下我们五人。其他的转山者起早贪黑地赶路，想必今天就能抵达终点——亦是转山的起点。

"我们今天能走到吗？"我问才旺师。"不急……如果你想今天赶到，得走二十多公里哦！不急……后面，再没有难走的路，我们慢慢走吧。"索白也在一边帮衬，"慢慢走撒！""嗯！"我点点头。

吃完早餐，收拾行李，走出帐篷，向玛卿冰川投去最后一眼，这次，是真正的告别。

沿公路往下，穿过河道，眼前是一片缓慢上升的山坡。这里没有路，信众朝着大致的方向往前走。金色牧草在晨露的浸润下，显得格外柔软。印象中，昨日经过的草甸还是满目青绿，过了一夜，换了一地，此刻，竟如夏秋更迭般，全然置身于遍地黄金的深秋牧场。拐过一道山坡，出现一户牧民。山坡上散落着几十头牦牛，一个女人在牛圈里挤奶，见我望着她，便不好意思地撇过脸去。才旺师拿着《阿尼玛卿雪山旅游指南》（实际是一本圣迹志）向这家人询问路况。我不知道他在寻找什么，想必是一处非常重要的圣迹。他再三确认后，方才告辞。

离开玛卿的主峰以后，我想当然地以为自己的朝圣之旅已大功告成，剩下的，只是走完剩下的路。但对才旺师而言，似乎并非如此。

再次回到公路上。一座临时搭建的过河桥，将脚下的道路一分为二，各位于河谷两侧。才旺师选择过河，于是，一行人走到了河谷的左侧。

道路泥泞湿滑，厚重的泥浆几乎没过鞋面。我们不得不时时躲闪擦身而过的车辆，并非担心被撞，而是顾虑车轮溅起的泥点会瞬间将自己“改头换面”。前方，除了带路的才旺师，看不见其他朝圣者；后面，除了索白一家，见不到别的转山人。我疑心走错了路：不远处，出现一片如丛林般伫立的未完工的水泥桥墩——我们已无意间闯进了一片施工现场。

“你确定是这条路吗？”我追上前，问才旺师。

“是呀！刚才那个人就是这样告诉我的，要走在左边的山上，因为塔子在这边……”

“我们要去找一座塔？”“就是！”

第一次见才旺师如此固执己见，只好随他去了。

穿越石料场，经过细砂场和粗砂场，雨越下越大，沿着凹凸不平的地面汇成深浅不一的积水潭，而后四处满溢，裹着泥沙，浑浊不堪。那些在车轮碾压下堆积而成的泥块，看似坚硬且高出积水，可一旦踩上去，便会整只脚瞬间陷入泥浆之中。如是，上了几次当，同伴们宁愿涉水，也不敢再踩这些“虚伪”的泥块了。不知是何原因，工地上几乎见不到工人，柴油发电机在空转，挖掘机的机械臂徒劳地停在半空，未完成的桥墩裸露着一根根钢筋，沿途经过的车辆越来越少。我暗自庆幸，倘若这里正如火如荼地施工，我们很可能会被毫不留情地轰出去。不过，眼下情景又让我生出另一种担忧：这里如此萧条，莫非我们走进了一条死胡同？

食粮

才旺师徒步向前，摆出一副无论刀山火海都要从头迈过的架势，没人敢提出异议。大家颓然地跟随他，别无选择地走进工地。脚下废弃的钢条到处都是，积水上泛着汽油绘制的油花，泥浆裹着砂石将道路遮掩得面目模糊。路边的河道，在工地的挤占下变得过于狭窄，咆哮的河水歇斯底里地拍打着河岸，溅起阵阵水花。这些瞬间绽放的透明花朵，随即跌落在路面上，碎了一地。此间，天上的雨水，地下的泥水，河中的雪水，混为一体，难分彼此。

在水泥森林的尽头，出现一座临时搭建的过河桥，将河谷两岸的公路汇于一处，从右而行。我们顺着一条临建路，走上河谷右侧的“康庄大道”。说它是“康庄大道”，一点也不夸张，路面铺陈得极为宽阔。工人渐渐多了起来。他们穿着及膝的雨鞋，肆无忌惮地踩在泥水里，溅起的泥点，挂在身上，似乎成了一种装饰。几乎每个人的手里都夹着一根烟，或是嘴上叼着一根烟；从旁经过，会闻到呛鼻的烟味。各种大型机械，或行或停，忙着作业。才旺师穿行其间，如一叶孤舟，漂浮在机械巨兽的巢穴里。我们勉强能跟上他的步伐，一刻不停地快速通过这片被机器设备占据的路面。

离开施工现场，回到土石铺道的公路上。终于，看到一处驿站，大家欢欣雀跃地奔了过去。才旺师和索白放下行李，去马路边的那间帐篷里要吃的。也不知这顿姗姗来迟的食粮，该称作早餐还是午餐：论餐数，应是早餐；论时间，该是午餐。不知为何，离开智德卡后，沿途的驿站骤然变少。清晨出发后，我们沿途寻找可以就餐的地方，直到中午，才遇见这一家。

旺札措忙着给自己和仁增洗鞋：刚穿两天的新鞋，已变得泥泞不堪，委实令人心疼。我坐在靠后的帐篷里歇息，这是一间可供留宿的帐篷。地上铺着塑料防雨布，门内一侧放着几双拖鞋，帐篷正中立着一座火炉；一挂门帘，隔出一个里间，讲究地铺着地毯。虽然都是帐篷旅舍，但每一间的陈设和布置会略有不同，舒适或简陋，就在于这些看似微不足道的细节。

我不禁哀叹：为何自己总是赶不上那些条件好的帐篷旅舍？其实，价格都是差不多的。

喝完热气腾腾的粉丝汤，顿觉浑身是劲，突发奇想，扬言要与才旺师换背包。才旺师呵呵一笑，把他的登山包举起来，在我的肩上轻轻一放，随即赶紧拿开，说："好啦，你已经背过了，现在换我来背。"我还未回过神，那只沉重的登山包已落在才旺师自己的肩上了。我只好继续背我那空空如也的摄影包。索白夫妇在一旁，见我又被才旺师耍猴，更是一个劲儿地偷着乐。

沿公路走了不久，见下方有一座水泥桥。才旺师毫不犹豫地弃路过桥，重新回到河谷左侧。这面山坡上，没有公路，也没有固定的便道，但见沿途的朝圣者越聚越多；心想：即便无路，亦不会错。

走在松软的草地上，脚步轻快，渐渐地竟能合上才旺师的步伐。于是，两人并肩而行，不知不觉，已把索白一家远远抛在了身后。

人类学是什么

"才旺师，你有没有——哪怕一点点——讨厌汉族人？"昨天，没敢探问的话，此刻还是忍不住说出了口。

"讨厌？"对方不解地望着我，反问道。

"或者说——不喜欢？"我换了个说法。

"不喜欢？……"他想了想，摇摇头，"没有。"

“一点点讨厌，也没有吗？”我再度确认道。

“呵呵！出家人不打诳语。你不相信我说的话？”

“没有不相信，只是觉得……有点难以置信……”我解释说。

“难道，你觉得一个藏族人就应该讨厌一个汉族人吗？你觉得这样才是正常的？”才旺师笑着反问道。

“不，不是这样，”对于这个问题，我很肯定。

“哈哈哈……”才旺师的笑声打断了我的话，他说：“其实，我觉得……老师有时候把藏族人想得太好了。跟汉族人一样撒，藏族人，有好的，也有不好的。”

“是啊……”顺着他的话头，我接着说：“我知道，藏族社会当然有好的、也有不好的一面。不过，也许是长久以来的学术训练使然，我不会在意或者说不会刻意关注对方的‘不好’，尽管，我从不否认这些消极面或阴暗面的存在。”

“什么学术训练？”才旺师好奇地问。

“人类学的学术训练呀——”我微笑地望着他说，“这是一门势单力薄的边缘学科，你恐怕从来没有听说过。”对方果然摇摇头。

“没关系……不知道也是正常的。”我继续说：“这门学科，是一门关于‘人’的社会科学，与‘人’有关的一切课题几乎都可以囊括其中。当然，就具体的研究来说，它不可能宽泛至无边无界。在学术传统上，它有一个原初的发心：希望通过实地的参与观察，研究异文化、异社会、异民族、异文明，进而反思自身文化、社会、民族、文明的种种问题与弊端。简言之，这是一门近似于‘西天取经’的学科，希望从他者那里获得自我救赎的智慧。所以，至少对我而言，始终是以‘他者为上’的心态，与之为伍。因为我想理解的——是对方值得借鉴的‘好’的一面。”

才旺师饶有兴致地听着，点点头，一本正经地问道：“那么……

你也在研究我？因为我和你不是一个民族。”我们走到一处缓坡，才旺师席地而坐。在比对方稍低的位置，我也坐下，认真解释：“从这个角度来看，是这样的。你是我的研究对象，也是我的学习对象。虽然，你尊我为‘老师’；但其实，我从你这里学到的更多。”静默片刻，我追问对方：“这样的境遇……你会不会介意啊？”

对方笑眯眯地望着我，一脸真诚地说：“当然不介意！”

“真的吗？”

“真的！你研究我，我也要‘研究’你！其实嘛，我一直都在‘研究’汉族人——”

不知才旺师是否又在拿我打趣。这一次，确是轮到我觉得好奇了。

“研究”汉族人

“为什么要‘研究’汉族人？”一个顺理成章的问题，脱口而出。

“二十多岁的时候，我一个人去五台山。当时，在五台山修行的藏族人不算多，所以，我不得不跟汉族人打交道。嗯……总要知道对方是什么样的人，有什么样的想法，有什么样的生活习惯——才好打交道吧。可那时，我一句汉话不会说，更别提遇到一个汉族人！不过，出门以后，一下子就掉进汉族人堆里了，想爬都爬不出来！哈哈……”才旺师轻描淡写地说道。个中艰辛，不言自明。

“然后呢？”

“然后……就开始学汉语，认汉字，交汉族的朋友……”

“你有很多汉族朋友吗？”我好奇地问。

“我认识很多汉族人……”才旺师故弄玄虚地说，“但能说得上是‘朋友’的，不多。有些以前是的，现在也不是了。”

"怎么会这样？"

"这要问你啊！"才旺师目不转睛地盯着我，仿佛答案就写在我的脸上。"问我？"我不解。"你是汉族人嘛，你才知道原因啊，我怎么会知道呢？……很多人，需要你的时候，跟你好得不得了，天天打电话'才旺师父好！''才旺师父好……'等事情办完，不需要你了以后，就再也不联系了，你想找他都找不到！刚开始，我心里很难过。想啊，怎么会这样呢，怎么回事呢，是不是自己哪里做错了呢，是不是自己哪里不好了呢……但这样的事情太多了，后来，我也懒得想了。你来，就来；你走，就走——我再也不往心里记了。"

"那么……现在？"

"现在——还是有很多人跟我说'才旺师父，你是我生命里最重要的人！''才旺师父，我最相信的人就是你！''才旺师父，你是我最怕的人！''才旺师父，你是我一辈子的好朋友！''才旺师父，我永远不会忘记你！'这样的话，实在太多了。每次听到，我就点点头，说'啊……啊……'心里想，你们说得好，忘得也快，我听听就行了。呵呵，研究来，研究去，还是搞不清楚你们在想什么……嗯？老师！你们到底在想什么？"想必是见我听得出神，才旺师故意抬高声调，反复问了一句。

索白一家慢慢向我们靠近。才旺师站起身，扶起我，继续赶路。山间下起蒙蒙细雨，淅淅沥沥地笼罩着一切。在甘露的浸润下，世间万物仿佛都变得温柔起来。"你们到底在想什么？"才旺师的疑问，不停在耳边回响，其实，我也很好奇：这个问题的答案究竟为何。

经过一家房舍，才旺师刚想进去问路，就见一人从屋子里钻出来。他笑脸相迎，好像一直在等待我们的到来。两人用藏语快速交流几句，然后，才旺师转身对我说：“你在这里等着。”就随那人往山上走去。他们敏捷地爬上山，站在磐石的顶端。那人指着对面的青山不知在说些什么，只见才旺师频频点头；接着，那人又换了方向，继续说道，才旺师便顺着对方手指的方向，张望良久。这家房舍的主人，在屋前辟出一小块田地，里面种着一畦畦青菜，长势喜人，应是悉心照料的结果。我不禁好奇，难道这户人家住有汉族人吗？特意种植的蔬菜——这在高原牧场，委实难得一见。

才旺师在山上大声呼唤我的名字：“河北梨——河北梨——”弄得河谷里满是这奇怪发音的回响。我赶紧向他挥挥手，大声应着。他指了指前方，示意继续往前。于是，我在半山的小道上行走，他在山坡的牧场间穿行。不久，才旺师重新回到山路上，与我会合。“你今天走得真真快啊！”他如羚羊般跳到我的面前，吃惊地打量着我。“是啊……托你的福！”我笑道，回望对方一眼。

无明

言归正传。

“这样的经历……听上去，无论如何也不会对汉族人留下什么好印象嘛。”我感叹道。

“我有这么说过吗？”才旺师故作惊讶。

“虽然没有这么说，但也能想象到啊……”

“那你可就想错咯，我的老师！”对方露出坦率的笑容，补充道，“虽然遇到些不开心的事，但我还是很喜欢汉族人。”

“为什么？”

“嗯……在我眼里，汉族人也好，藏族人也好，人和人，其实没有太大的差别。都是南赡部洲（又名阎浮提。按照佛教宇宙观的说法，人类的生活范围属南赡部洲）的一员，都在轮回之中，都承受着贪、嗔、痴、慢、疑带来的痛苦与折磨。如果你一定要说有什么不同——可能，藏族人的欲望少一点？念的经多一点？但现在，我也不敢这么说了……你去看看大昭寺，以前，向觉卧佛（释迦牟尼佛十二岁等身像）献供养最多的都是安多牧民；但现在，献供养最多的都是内地的汉族人。”

“这听上去，并不像是‘喜欢’的理由！至多，算是‘不讨厌’的原因。”

“我喜爱汉族人，”对方以沉稳的语调，继续说，“是因为深深觉得他们可怜。”

“啊？……”

“你不觉得他们很可怜吗？老师……那些生活在无明中的人，天天忙得死去活来，忙着赚钱，忙着花钱，忙着找女人，忙着离婚，忙着买房子买车，忙着买更大的房子更新的车，然后呢？快活吗？幸福吗？没有。那些向我求助的汉族人，无论是穷人还是富人，无论生活得怎样，都会觉得很苦，一样的苦，无尽的苦。这样的人生，你不觉得很可怜吗？这样的人，我是无法去憎恨的，我怎么可能去讨厌一个比自己还可怜的人呢？才旺虽然什么都没有，但才旺有一个自由自在的身心，随遇而安的生活，才旺过得很快乐。是的……表面上看起来，有些汉族人对我好，有些对我不好。但我觉得这些都是难得的修行助缘，是为成就我的修行而示现的。我满心欢喜地接受，不去判断好与不好。出家人之所以求法、修行，就是为众生得解脱。众生，六道里的一切众生，包括‘人’，也包括你们分别说的藏族人和汉族人……”

说到这里，才旺师停了下来，意味深长地望着我。我只好笑笑，无法做出任何回应。他的逻辑似乎已超出了我的常识：一时间，想不清“可怜”如何与“喜爱”联系在一起。

汉族有一句俗语“可怜之人必有可恨之处”，如今，却要为才旺师改成“可怜之人应有可爱之处”了。

攀上一道山脊，眼前赫然出现一座白塔，它坐落在青色的山坡上，遗世而独立。白塔的一侧，建有一堵石经板墙，几位先到的朝圣者正在那里转经；另一侧，有一间小供灯室。塔的前方，竖有一块石碑；石碑前，有一个方形煨桑台；此外，没有一件多余的物事。见到白塔，才旺师的双眼顿时一亮，他快步上前，并告诉我：转阿尼玛卿时，如果没有朝圣这座白塔，就像出家人穿僧服时忘了披袈裟、在家人的衣服没有领子一样——遗漏了最重要的一件东西。

资料所示，这座白塔在玛卿雪山的右侧，原为赞普年热·尼玛沃色为护佑此地驱魔而建，名为“索丹萨西塔”（或称“将斯白塔”“玛域白塔”）。赞普年热·尼玛沃色（1134—1192）是宁玛派的一位伏藏名师。在宁玛派百名伏藏大师中，他与谷如吉旺并尊为上下伏藏二师，颇具盛名。当年，他将一座黑塔倒立着建于地下，其上，正立着修建了一座白塔。建塔处，乃是世界的中心。如今，塔碑所在处，才是这座白塔的原址。宝塔被毁后，时至20世纪，多仁波切的儿子加黄热智（或说是多仁波切本人）方才重建此塔。

白塔不远处，有一家驿站，才旺师将背包放在那里，整理衣衫。然后，郑重地绕着石经板墙和白塔走了三圈，口中念念有词。我和仁增尾随其后，念诵六字大明咒。接着，三人在白塔前，默默地磕了三个长头。随后，一起去供灯室点灯。其他转山者亦复如是，静默地完成各自的朝圣仪式，神情专注而肃穆，没有声乐喧哗，没有交头接耳，连孩儿们都屏气凝神不再哭闹。宁静，无边无际的宁静。伴随宁静而来，世间万物，小至微尘，大若山河，都拥有并承载着自己的重量。

我不记得才旺师是否在此煨桑，印象中，这里的煨桑台远不及别处的热闹。觉姆央热的节日气氛与智德卡的狂欢情境，似乎都与此地无缘。仪式结束后，转山者不会多做停留——宛如山泉一般，绕着白塔和石经板墙安静地转过三圈，接着流往他方。

世界的中心，原是一种震撼人心的安宁，别无他物的简单。

无有

离开驿站之前，才旺师问我要不要在这里吃点东西。因为刚吃过饭，一点不饿，于是，我不假思索地说："不要，继续赶路吧。"然而，话刚出口，便又后悔了——才旺师过午不食，如果现在不吃，恐怕就再没有机会吃今天的第二顿饭了。我赶紧转身，向他解释：想休息一下，喝点茶。可才旺师已背好登山包，似乎去意已决。"真的不用在这里吃点东西？"我再三确认。"真的不用。"对方笑答。

我只好万般懊恼地随他前行，心想：取消这顿午餐，是我这一路上做过的最糟糕的决定。

"你说,你喜欢汉族人——是不是又在开玩笑啊？"我重拾话题，满怀狐疑地问道。

"不是！当然不是……怎么这样问啊？"

"因为你总是开玩笑嘛，不得不再确认一下。"我笑着解释道。

"哦，呵呵……这次没有哦，才旺认真说的。"

"嗯……既然你是认真说的，那我也认真地想了想。"我不自觉地顿了一下，考虑该如何措辞，"你用'喜欢'或'喜爱'来形容你对汉族人的情感，恐怕不太合适。"

“为什么？”对方瞪着眼睛质问，“你们汉族人不是最喜欢说‘爱’啊‘爱’的嘛，关系好的就‘爱’呗，爱国家，爱人民，你爱我，我爱你，不都是‘爱’吗？”

“是啊……都是爱！”我无可奈何地叹了口气，说，“可问题就出在这里。——我们所说的‘爱’与才旺师口中的‘爱’，虽然是同一个字，但意思却不同。”

“我不明白……”

“才旺师说，自己对汉族人的‘喜欢’‘喜爱’，乃至对众生的‘喜欢’‘喜爱’，是从这些生灵的‘可怜’‘可悲’中生发出来的——其实，这是佛法教给你的观念和态度，对吗？”

对方点了点头。

“所以，才旺师所说的‘喜欢’‘喜爱’，其实换作‘慈悲’一词，也许更合适？”

对方首肯，旋即又问：“说‘喜欢’‘喜爱’，难道就不合适吗？”

“似乎也不能这么讲……”思忖片刻，我解释道：“只是，容易引起歧义……”

“什么歧义？”

“佛法之爱（如果可以这样说的话）与世俗之爱，毕竟是不同的嘛！如果你跟一个没有接触过佛法或是不理解佛法的人谈‘爱’，对方大概只能以世俗之爱来理解你说的意思——岂不是南辕北辙，牛头不对马嘴嘛！”

“好像是哦……”对方挠了挠头，若有所思。

玛域白塔的对面，有一座青翠欲滴的金字塔形高山，其上立有拉则。这座山是玛卿的贵妃“贡玛拉热”，它位于阿尼玛卿峰的东侧，阳柯河边，距离知合得垭口约7公里。据说，山上长满杜鹃、沙柳、红景天、柏树等百种植物；山间常有白唇鹿、马鹿、石羊、黄羊等众多动物。相传，玛卿的这位贵妃，面容白如海螺，右手持明镜与彩箭，左手握瞻部洲金轮，身穿绫罗，骑鹿而行，如清水芙蓉，浑然天成。

“那么，什么是‘佛法之爱’？”才旺师饶有兴趣地问我。

“问我？……你好像问错人了，我只是个学佛的半吊子，哪里谈得上解释概念。不过，既然你问，我就说说自己的想法，你就当作是笑话来听吧。”才旺师毫不犹豫地点点头。我说：“与‘世俗之爱’相比，‘佛法之爱’就好像是一种‘无有之爱’。所谓‘无有’，就是没有‘有’：不以占有为目的，不以占有为手段，不以占有为结局；爱与被爱，犹如隔河相望的两方。就像佛陀因爱众生而转法轮，是为众生得解脱；但他并不占有众生，无论来世或今生。比如耶稣因爱人类而受难，是为人类忏悔赎罪，但他并不占有人类，无论是身体或灵魂。又如特丽莎因爱弱者而终身看护病人，但她并不占有弱者，无论经验或心态……类似的例子不胜枚举，你很容易从中发现一个规律：这样的大爱，都与‘占有’无关，所以，我把这种爱称为‘无有之爱’。”

“耶稣我知道，特丽莎是谁？”

“一个做了一辈子护士的普通女人……”

“哦……他们都是活菩萨！”才旺师由衷赞叹道，随后又说：“我觉得你讲的有道理！”

“是嘛？班门弄斧而已。”我笑道。

“不过，我能理解。”对方认真地说。

世俗之爱

传说，阿尼玛卿共有九儿九女，正如拉琼掘藏师白玛成列林巴的秘籍所言："雪域地祇威力大，证得十地玛卿山，外表财神护宝库，化身神祇救苦难，内似持莲观世音，育有九子称枭雄，美名世界处处传。……阿尼玛卿九兄弟，神龙祇族常护卫，武艺高强无匹敌，鼓励将士心澎湃，时常煨桑抛风马，息增怀伏诸事顺。另有贤惠九公主……一尘不染虔心拜，祈祷煨桑抛风马，诸多心愿皆实现。"

"那么，什么是'世俗之爱'？"才旺师好奇地追问。什么是世俗之爱？这可难倒我了：如何跟一个从未吃过榴莲的人形容榴梿的滋味呢？我索性搪塞道："你一个出家人，要知道'世俗之爱'做什么？"

"了解啊！我想知道你们在家人的世俗之爱是什么样子的。"

"直接经验恐怕是不会有了，不过，间接经验倒是可以通过看与听得到一些。"

"就是，你给我讲讲！"对方简直是穷追不舍。我只好硬着头皮往下说："'世俗之爱'与'无有之爱'恰好相反，它是以占有为目的、手段和结局的。正因如此，这种爱往往能滋生贪、嗔、痴、慢、疑。"

"怎么说？"才旺师显得愈发好奇。

"以爱情为例。爱情初发时，往往表现为迷恋对方，想得到对方和对方的爱，因而越陷越深，如痴如醉。如果得到，你的心便会被'我慢'占据；因为你认为是自己的魅力或能力俘获了对方，这种'胜利感'会滋生出傲慢的情绪。如果得不到，你的心则会被'嗔恨'占据；'因爱生恨'便是如此，不仅厌恶对方，还会恨及一切。得到爱情的结果，在世俗生活里，往往表现为婚姻。可婚姻并不能保证爱情的恒久性。有一种人，除了自己的爱人，还会爱上其他人，那是贪欲作祟；另一种人，则时刻怀疑自己的爱人不忠，这是疑心作祟。你看——贪、嗔、痴、慢、疑，全都有了吧？”

“才旺师？”我凑上前，大叫道。对方刹那间跳至一米开外，如见洪水猛兽般警惕地瞪着我。“呵呵……跟你开个玩笑！不用这么紧张。这个世上，难有绝对的世俗之爱，就像难有纯粹的无有之爱一样。也许，我们可以把‘世俗之爱’和‘无有之爱’称为‘爱’的两种‘理想型’。这两种‘理想型’，就像天平两端的顶点，大部分人只是在其间摇摆……嗯，世俗之爱，大抵如此。我说明白了吗？”

“你说明白了，但我还是觉得难以理解……你说的这种‘爱’，我在书本里读过，电视里看过，信众也谈起过。只是，总觉得这些离我很远——好像从来没有出现在自己的世界里。”

“当然不会出现在才旺师的世界里，如果真的出现——那可就麻烦了！”我笑道。

“是啊……不过，老师的世界里，会有吗？”

“当然！”

穿行于不同的世界

沉默良久。不知何时，山雨停歇。一阵微风掠过，如虚空中荡起一丝涟漪。才旺师坐下来，对我说：“你看，我们现在在一起，一个时间，一个地点，但感觉却像各自身处两个不同的世界。”

“如果才旺师能够始终安住在自己的世界里，不是很好吗？”我坐在他的旁边，平静回应。

“可是……老师的世界呢？”

“你是忧心我生活在一个充满贪、嗔、痴、慢、疑的世界里？”我猜测道。

对方默默地点了点头。

“不用担心，我的世界未必总在那里。”

“那……还会在哪里？”

“我在哪里生活，哪里就是我的世界。换句话说，你的老师并没有一个纯粹意义上的‘我的世界’——她总是在不同的世界里穿行，绕转，但没有哪个世界是她的归宿，或者说，那些经历过的世界都只是她的短暂归宿。”

“为什么会这样？”

“……我也不知道，这恐怕是一个人类学者的宿命吧！就像降魂师一样，为了与其他的魂灵沟通，不得不让渡自己的躯体，以至于，在那期间，自己的灵魂竟成为没有归宿的野鬼。时间久了，这副身体渐渐也分不清：究竟是飘荡在外的灵魂是‘自己’，还是栖息在内的灵魂是‘自己’；抑或，在内、在外的灵魂都是‘自己’……”

“这样的生活，快乐吗？”

“快乐？至少觉得坦然吧……因为，这是自己的选择。”更准确地说，这是一个看似是自己的选择。

三年前，我在桑耶寺做田野考察时，一位僧人这样告诉我：即便你记下所有的仪式过程，阅读全部的经书文本，观察我们的一切行为举止，参与法会庆典——你也依然无法理解我。因为，在这里，他指了指自己的脑袋，在这里，还存在着一个你看不见也摸不着的世界——这才是我的世界。除非有一天，你成为“我”，我的世界就是你的世界，你才能真正理解我，就像理解你自己一样。

在那一刻，我忽然意识到：若想真正洞悉、体悟一个文明的精神世界，仅靠“参与观察”是远远不够的，还需让渡自己，并且成为他者。——这或许是人类学方法论上的乌托邦，但它就这样毋庸置疑地存在于我的信念之中，造就了我如今的生活。

仁增气喘吁吁地冲过来，嗔怪道：“你们走这么快！也不等我？”

我笑着拍拍身边的草地，说：“坐下来休息一下吧？”小家伙乖顺地坐在我旁边，好奇地问：“你们在说什么？”“说一些等你长大后才能明白的事啊……”我又问他：“你想现在知道吗？”仁增摇了摇头。

才旺师站起身，欲走，仁增赶紧跟着他。“你不走？”才旺师低头问我。“还想再休息一下，你们先走吧……”我向身后看了一眼，能依稀见到两个相依相偎缓慢移动的人影——我想再等一等索白夫妇。

仁增拉着才旺师的手，不紧不慢地离开了。他们是否拥有同一个世界呢？望着他们的背影，我暗自思量，出家人才旺师与在家人仁增也会拥有各自的世界——出世间与入世间，但这并不妨碍两个世界的结合：既有交集，也有各自独立的部分。千百年来，在青藏高原，世出与世间，犹如阴阳和合，自然地联结为一个整体，生长出延绵至今的高原文明。

不知才旺师是否已有感知：我不想成为一个匆匆过客——在他的世界里转瞬即逝。如有可能，我更希望能像仁增一样，与他的世界产生关联，进而在更大的范畴里结合为一个整体。那时，这个在寺院、学校与家庭之间不停绕转的佳嫫，将不再是一个穿行于不同世界的流浪者——诚然，这不过是“我”在面对青山时，所做的无谓幻想。

下山

索白夫妇越走越近，我起身往前。经过一块空旷的施工地，这里寂静无人，似已停工良久，巨大的桥基犹如一只只空洞的眼睛，静静地注视着这片土地。我们从“大眼睛”中间穿过，脚下的山地渐渐紧缩，最终，在河道拐弯处，形成一个狭窄的犄角。再往前，便是三四十米高的悬崖。

先到的转山者，三三两两围坐在悬崖边，有的人在崖壁上探险，有的人干脆掉头往回走。才旺师和仁增坐在坡地上，回头张望着来路。见我走近，才旺师站起身，告诉我：“前面是悬崖，没有路了。”

“然后？”

“我们可以找路下去。如果你害怕，我们可以掉头，绕下山。”

“不用掉头，”我很肯定地说，“既然这条便道上的草皮都被踩秃了，肯定是有很多人从这里下去过。……我们先去找路？”

才旺师点了点头。

终于，我们找到一处陡坡，似乎可以延伸下去。我牵着仁增，才旺师扶住我，三人在陡坡上拉拉扯扯，根本迈不开步。我只好对仁增说：“你先在这里等着，等姐姐找到路，再来接你下去。”仁增不愿意松手。才旺师又对他用藏语说了几句，这孩子才放开我，就近坐在坡地上。

我和才旺师相互搀扶，一路往下，溅起的碎石不时坠落到山脚的公路上。“害怕吗？”才旺师问我。我摇了摇头。他紧紧握住我的手。

果然有一条小径，隐匿在峭壁与灌木之中，只有走到那里，才能看见继续往下的路。才旺师脚下一滑，忽而坐了一个屁股蹲，幸亏被我及时拽住，我不禁大笑道：“这到底是谁在照顾谁呀？”对方讪讪一笑，两人不再觉得紧张。在我们的身后，一群转山者小心翼翼地尾随而来。距地面约三四米时，我对才旺师说：“不用管我，上去照顾其他人。我能自己下去了……”话虽如此，他还是坚持把我送到公路边，放下背包，这才上山。

才旺师敏捷地爬到半山，站在一处极难走的崖口，帮助沿途经过的老人、小孩、少女、青年……朝圣者如涓涓细流般，依次汇聚到那条我们先前走过的路上，妇女背着孩子，老人拄着拐杖，男人扛着行李，一个一个，如奇迹般安全地走下了山。索白一家也下来了。他们告诉我：阿卡才旺叫我不用等他，自己先走，他会追上来的。说罢，便径自离开了。我在山脚处又站了一会儿，转山者络绎不绝，才旺师的红色僧衣如航标灯一般，为信众示现出这条坎坷的山路。

也许，是因为阿卡的存在，众人才会坚信不疑地走下悬崖……站在路边，凝望着在险途中相互扶持的朝圣者，心中，竟涌出一股莫名的感动。

后来，才旺师追上我，得意扬扬地耳语：“托你的福，我今天牵了几位空行母的手哎！”

“是嘛？”我不以为然地问道。

“当然是真的！啊呀呀……”他夸张地感叹着。

“有这么开心？”我疑惑地望了他一眼，只见此人正捂嘴偷笑，就知又再拿我取乐。只好按捺住脾气，不再搭理，加快脚步，往前赶路。

“别着急嘛……”才旺师随即跟上，告诉我：“刚才，有几个人在说：那个佳嫫真勇敢！第一个走下去的，不然……我们下山的路还不好找撒！”

“第一个？”我笑道：“怎么可能是第一个？在我的前面，不知有多少位朝圣者已走过这段悬崖，只是，大家没有看见而已。”

兔子与灰狼

过河，重新回到公路沿线。一群妇女穿着传统的藏袍，带着孩子走在公路旁的便道上。擦身而过时，我掏出些糖果分给孩子们，那些年纪大的不过十几岁，年纪小的只有六七岁，都是自己走路，速度丝毫不逊于大人。

不用再翻山越岭，众人步履轻快，偶尔，还能听见不经意哼出的歌声。我超过了索白一家，不久，才旺师又追上了我。“你不累吗？走这么快。”

“不累！”

“脚疼不疼？”

“不疼。”

“真是厉害！”

“厉害吗？……我现在力气多得很，还能跟你比赛跑步呢！”心想：你背着包，有负重，我在平地上赢你十步应该没有问题。

“比赛？好呀……”才旺师笑道。

“嗯！准备哦——开始！”话音刚落，我拔腿就跑，可是，没跑出三步就被对方追上了。跑到第十步，已被对方远远甩在了后面。“好了！好了……认输了……”眼前反超无望，索性站在原地，大口喘气。

对方一溜烟儿地又跑回来，得意扬扬，“兔子就是兔子，果然跑不快嘛！”“拜托！兔子也是跑得很快的，好吧？”“跑不过大灰狼！”“那是因为——大灰狼是坏蛋！”才旺师哈哈大笑：“哪有输了就说人坏话的？”

就近找到一块草坪，席地而坐，等待索白一家。有位跛脚老汉，一瘸一拐地走过来，才旺师邀他喝茶，他便坐下，两人聊天。几分钟后，老汉起身，继续赶路。才旺师低声跟我说：“这个人厉害，昨天在智德卡见过，一走一崴的，想不到今天又赶上我们。”

索白夫妇蹒跚而来，似乎膝盖不能打弯，两个人直着腿半倚在地上，面朝端坐着的阿卡才旺。我把最后半袋雪饼拿出来，一行人开心加餐。仁增在四周寻觅塑料瓶，不知为何，他今天总爱拿石头砸塑料瓶，偏偏每次都砸不中。

不远的山坡上，一只胖旱獭探出头，好奇地向我们张望，想必是闻到了雪饼的香味。附近，几只头上长着一缕红毛的野鸟在草地上徘徊，一副羞答答的小样儿。才旺师拿起一块雪饼，掰碎了，抛进隔离草场的栅栏里，不知是喂鸟还是喂旱獭。

……哎，如果时间能停留在这一刻该多好，让转山之路永远不停地绕转下去。

“快看河对面！”才旺师扯着我的雨衣，叫我停住。

“怎么？”

“对面有一处圣迹撒！”

我向河对岸看了看：流水、草坡、石头与树——“一切正常……”我答道。

“看那块石头！”才旺师翻开《阿尼玛卿雪山旅游指南》，指着书上的一块石头，又指了指河对岸的一块石头，说：“一模一样吧？果然被我找到了。”

是啊，若非才旺师特意提醒，谁会注意到这块不打眼的石头？圣迹志云：阳柯河边的红色岩石，其间长出一棵柏树，传说是格萨尔王的拴马桩，又说是神、龙、妖的魂树。

定睛一看，岩石上方果然长着一棵柏树，虽然不大，却也足够称奇。

继续往前，再无圣迹，路上行人忙着埋头赶路。用以指路的幡旗，此时早已不见踪迹，取而代之的是一排排密密匝匝的电线杆。电网的出现，似乎预示着此地距离乡镇不远。绕过几道弯，又进入一处施工现场——我已不记得这是第几次穿行工地了。自从在格日寺的对面，初逢高架桥墩，此后，便几乎与这些临时建筑的“人造景观”形影不离。三位年近六旬的阿姨背着登山包，穿着雨披，一路疾行。我们在玛域白塔遇见过，此次再度聚首，难免攀谈几句。她们说着一口标准的普通话，若非特意解释，我会以为是汉族人。有趣的是，她们竟也以为我是藏族人——尽管穿着冲锋衣，背着摄影包，说一口普通话——这副形象，的确与她们没有太大差别。

“西宁来的？”我问，对方点点头。“北京来的？”对方问，我点点头。彼此相视一笑。

“你怎么想转阿尼玛卿的？”一个阿姨好奇地问。

“因为寺院里有一座阿尼玛卿的神殿，所以，好奇阿尼玛卿长的是什么样子……就想来看看；再说……马年转山嘛，干脆就来转山啦！”

“哦……你一个人？”另一个阿姨问。

“不是，我有同伴。”我指了指走在前面的才旺师，“寺院的僧人。还有……”我回头望了望，索白夫妇已经落得没影儿了。“还有……看不见了撒。”

“哪里的寺院？”

“达日的。”

“很近哦。”

“就是！”……

白塔寺

爬上陡坡，泥泞的公路一分为二，左边指向花石峡，右边通往雪山乡。我们朝着雪山乡的方向走去。不久，离开公路，穿越草甸，一座房舍紧凑的村庄，近在眼前。

仁增欢欣雀跃地扑将过去——心想，有村镇就会有宾馆，有宾馆就会有标间，有标间就会有电视，有电视就会有动画片，随即一路寻思：究竟是看《喜羊羊和灰太狼》还是看《熊出没》呢？言语间，仿佛动画情节已历历在目。穿过大小林立的家庭旅馆、风味各异的餐厅、门面窄小的商铺——眼见着村庄的中心由远及近，又由近及远，才旺师却毫无止步之意，绕开房舍。原来，在村庄的尽头，有一座依山形而建的古朴寺院。

雨越下越大，寒气逼人。我们来到寺院的正门，门扉紧闭。正门两侧，各有四座白塔。左侧的白塔前，有一间蓝墙红顶的供灯室；右侧的白塔前，是一座金灿灿的包铜宝塔。灯室与宝塔之间，建有一座白色的方形煨桑台。这座寺院，依地势建在一处层层垒高的山坡上；门前的方寸之地，显得挤挤摞摞。

才旺师去附近找看门的僧人，离开前，还不忘嘱咐我和仁增去转塔。我俩颓然地坐在门槛上，倍感疲惫——不知为何，若是一路走下去，倒也无妨；然而，一旦遇见驿站或旅馆，两条腿即刻就迈不开步子了。

没有遇见僧人，才旺师无功而返，似也不觉沮丧，带着我和仁增去供灯室点灯，顺道问问守灯人明天的路况。索白夫妇久等未来，我们三人，便沿着大殿的转经廊，开始绕转寺院。

这座未见圣迹志记载的寺院，名为“白塔寺”，寺如其名，周遭遍立白塔。在寺院的左侧和背后，一列形制、体量相同的小型白塔，沿着山坡，依次排列逐级升高，将寺院的经堂、佛殿合围其中，就像是一道塔墙。

塔墙外侧，供奉有大大小小形状各异的石经板和玛尼石。一个藏族青年，正坐在油毛毡临时搭建的帐篷里，专心致志地雕刻经板，石削飞溅，叮咚之声不绝于耳。塔墙背后，有一座供石曼扎，椭圆形的卵石，染成鲜亮的红色、蓝色和黄色，工工整整地垒放着。曼扎的后面有数道石经板墙，石料材质、字体大小若有区别，想来，这几道经墙也是慢慢累积而成，绝非一日之功。

沿窄道往上，绕至最后一道石经墙的外侧，便可走在远远高出寺院水平面的半山坡上。由此往上，只见五色经幡浩浩荡荡弥漫至山顶；从此往下，俯瞰整座寺院，外观形貌一览无余。与格日寺的“阿尼玛卿藏族文化中心”只有一座主体建筑不同，白塔寺的主体建筑是三四间体量相当的佛殿。造型各有千秋：既有传统的藏式金顶，窄小的琉璃瓦顶，也有汉地的歇山式屋顶。不同风格，共处一寺，却也相得益彰，融会和谐。盖因地势所限，寺院布局紧凑、小巧别致。不见信众云集香火鼎旺之相，亦无法乐雷动诵经朗朗之声。此间，细雨霏霏、山风徐徐，似乎，有无僧人或信众，对这座寺院而言，都成了不打紧的事，它只是自在地伫立于此，静观世变。如是想，便更觉得这座寺院清静脱俗，自成一格。走在转寺的路上，亦不再觉得劳苦。

绕下山坡，途经两座转经房，房内各立有一座约两人高的巨大的转经筒。经筒沉重，信众须拉着经筒下端的绳环，才能勉强将之牵动。每转一圈，在经筒顶端外侧系着的一枚铜铃，便会被敲响，清脆铃声，怦然而至，振荡人心。在转经房内，偶尔能遇见几位当地人：静静地躬身入内，一手捻着佛珠，一手牵动转经筒，口中念念有词地转一圈，旋即又静静地离开。

进不了佛殿，遂绕着佛殿外的转经廊走一圈，如是，也算礼佛。

有一处转经廊，其内的转经筒由绫罗绸缎包裹而成，这般形制的经筒诚是少见，如今的转经筒多为黄铜锻制的。在这处转经廊的拐角处，木栏杆上挂着一些牛肩胛骨，骨上刻有经文或心咒，并用黑墨描画；视其边缘磨损的痕迹，或已存在了许多年。

绕寺一圈，索白夫妇也恰巧来到寺院的正门口。他们足不停歇，径直背着行李绕寺。先行三人，又跟随他俩转了一圈白塔寺。方才作别。

后来，经当地人介绍才知道，白塔寺中，最重要的一座白塔，其实是位于寺院上方的曲歌那降魔白塔。这座白塔，初建于 1938 年，由格日·桑庆昂秀多杰活佛修建，位于阿尼玛卿峰的东侧，黑白河水的交汇处。后来，因种种原因毁坏殆尽。1985 年，当地信众在佛塔原址上建成如今所见的降魔白塔。据说前不久，在这座白塔处，召开了一场大法会，应者云集，人山人海……

体验

走访了几家旅馆，才旺师均不甚满意，最后，还是找了一个只有大通铺和炉子的房间。仁增见状，失望透顶，终于忍无可忍地大发脾气。加之，一位房客见他眉目清秀、留有长发，以为是个女孩子，便以“女娃”相称。如此，小家伙更是备受打击，索性赖倒在床上，哇哇大哭起来。索白夫妇面面相觑束手无策，才旺师则在一旁横眉冷对。我便安慰我的小伙伴，说：也许餐厅里会有电视机。可惜，这一招也不见效了。

我只好与才旺师去餐厅喝茶，不久，索白一家也来了，看上去风平浪静，仁增像个没事儿人一样。

吃完晚餐，回到房间，我立即宣布：要睡在最靠里的那张床上，因为那里离门最远——我再也不想大半夜起来，哆哆嗦嗦去关门了。同伴无异议。随后，才旺师把他的随身行李放在我的邻床。“你睡这里吗？”我问他。对方毫不迟疑地点点头。我本以为，自己换了位置，其他人的位次也会随之颠倒，旺札措依旧睡在我的旁边，然后是索白、仁增和才旺师。谁知，原来只有我的位置变了，他们还是遵照先前的次序：从里到外，依次是才旺师、仁增、索白和旺札措。我只好硬着头皮躺在床上，说了句：“药膏在背包里，你们自己拿……”才旺师和索白一家忙着看护各自的腿脚，我的脚虽然不疼，却觉得人困马乏，迫不及待想要入眠。

恍惚间，听见屋里又进来好些人，一阵喧哗过后，他们开始聊天。一个姑娘说：“昨天晚上撒，我住在智德卡，那个风刮得哦！吓死人，真的能吓死人。睡也睡不好，早早爬起来赶路，结果又看不见路，一脚踩进水里，半条腿就湿了，又冷又怕，我就一边大哭，一边往山下走，一边哭啊，一边走撒……”

闻者哈哈大笑，说者亦是快意——人们竟将如此惨痛的经历当作笑话来分享。我窝在被子里，不得其解：也许，千万人转山，便会有千万种转山的体验。冷暖苦乐，唯有自知。

其后，他们又聊了些什么，我就不知道了……

第六天

九月十五日 星期一

一个任务

“昨天晚上，你睡得不错。”早上醒来，才旺师已经起床，笑眯眯地望着我。

“你怎么知道？”我疑惑地望着他。

“因为你打呼噜了。”对方解释。

“啊呀！打呼噜……”忍不住把头蒙进被子，一想到被出家人看见自己的睡相，顿觉尴尬。

“呵呵，没事……不是那种很大声的呼噜，是那种呼吸很平缓的小呼噜……”

“好了，好了，不用解释……”我慌忙钻出被子，止住对方，准备起身。索白一家似乎早就起来了。

坐在床上，深深吸了一口气。嗯，才旺师说得没错，昨夜的确睡得很沉，就连晚上做的梦也不记得了。

索白走过来，给我的茶杯倒上热水，又告诉我，昨天晚上帮我“烤”摄影包、手套、帽子的时候，一不留神，把摄影包“烤焦”了。

说完，把摄影包拿过来给我看，一脸歉意的表情。我摸了摸，想必是炉火太旺，把摄影包的防水层烤得老化，摸起来有点硬硬的。

我安慰索白："没关系，本来就是这样的。"接着，又补充道："你就算把摄影包烧了拿来取暖，我也没意见！"大家听后，哈哈大笑。幸亏索白连夜帮我烤干了所有的衣物，否则，我今天恐怕得戴着湿漉漉的帽子和手套上路了。

离开旅馆，路上黑漆一片。浓云遮住了天空，望不见一丝星光。乡民们还在酣睡，亮灯的窗户，多是家庭旅馆。稀稀疏疏的脚步与谈话声，偶尔，会引来几声意兴阑珊的犬吠。绕过白塔寺，走出村庄，哗哗的流水声越来越近，经过一道铁桥，沿着公路，深入山谷。

谷中空气湿润，地面满是泥浆，借着手电的微光，深一脚，浅一脚，不久，鞋子和裤腿上沾满泥水，弄得面目全非。旺札措小心翼翼地撩起裙角，在索白的帮扶下，穿过暗藏于路面的泥潭。才旺师和仁增，照旧走在最前。

远处，灯火通明，施工地的探照灯，似能照亮方圆百米的景象。借着灯光，我看见前面不远处，还有六七个朝圣者：大人小孩正疾步前行，莫非是昨天在山崖处遇见的那一群人？山顶上的天空，由墨黑淡化为靛青，再由靛青转化为幽蓝。山上的景象隐约可见。随着海拔的降低，高原草甸不知不觉已退出视线，山上的松柏与灌木渐渐增多，乱石嶙峋，杂草丛生，石崖间，时常显出一两个黝黑山洞。

指着山洞，才旺师吓唬我说："那是熊住的地方哦！小心呀，熊会下来把你抓走！""真的有熊？"我好奇地问。走在一旁的仁增对我耳语："别听他的，他骗你的！"才旺师见状，便用藏语低声斥责仁增，小家伙肆无忌惮地哈哈大笑，拎起我的登山杖，一路小跑上前。

"今天都是这样的路，很好走，老师不用赶急。"见仁增离开，才旺师忽而一本正经地说。

“还剩下多少路？”我问。

“还有十几公里吧。”他答。

“哦……到了蔡那卡多，如果能找到回大武的车，那么，今天就可以离开阿尼玛卿了？”

“是这样的。”

“能找到回大武的车？”

“我觉得……应该可以。”

“哦，真快呀！”想到行程即将结束，我不禁心生怅然。

“是呀！”才旺师接过我的话，“到了大武，再回西宁，把老师放在旅馆的行李拿上，然后，一起去达日县。寺院学校的格加老师会在那里接你。把你平安地交给格加，我的任务就完成了。”

“哦？”听他如是说，我不禁笑道：“在才旺师的眼里，我原来只是一个任务嘛。”

“是一个任务，但也不全是。”对方补充道。

世间并无偶然

“怎么说？”我问他。

“其实，我有一点好奇：为什么老师会来我们寺院，会要住这么久……我接触过很多汉族人，来寺院的汉族居士也基本都是我接待的，我了解他们。他们总是在最好的季节过来，拜拜上师，吃点酸奶、人参果——城市里吃不到的东西，然后在草原上耍耍坝子，就结束了。或者，在有大法会的时候，来县城住一段时间，听听法，就结束了。没有人会像老师这样住这么久，能在学校里教几个月的书。以前，也有汉族老师来，但他们只教一周，就结束了。没有人会像老师这样要求转山，还要自己走着去，就算转山，他们也会要求开车，一天时间就够了，一点儿也不辛苦……”

“是这样……”我打断才旺师的话，解释道：“我跟你说的这些人，需求不同。他们或朝圣、或旅游、或请法……而我不是，我是带着自己的研究课题来的，因为寺院的需要，做些力所能及的事，比如教孩子们学汉语。人类学的研究方法要求我必须在田野里住很长一段时间，以便参与观察自己的研究对象。比如转山，完成转山不是我的目的，体验转山的过程才是我的兴趣所在，所以，我会选择走路，而不是开车。”

“如果只是为了研究，那么，在转山的第一天，你为众生祈福的发心，还有你为母亲转山的愿望，都是假的？……”才旺师疑虑地问道。

“似乎……也不能这么说。其实，早在转山的第一天，我就有这一困惑：自己究竟是为什么转山。那时，走得太累，以至于想放弃转山，因为想放弃——便不由自主地反复拷问此行的动机：是为母亲，是为众生，是为研究，还是为猎奇？当时，我没有答案，就这样浑浑噩噩地走了过来。现在，你又用同样的问题问我，我可不可以这样回答：这些动机都在我心里，既为母亲也为众生，既为研究也为修行……这一路，我反复追问过自己，终于确信：这些动机真实不虚地存在于心。隐瞒其中的任何一个，都无异于对自己撒谎。才旺师，真的很抱歉，我恐怕没有办法像你们一样，以一颗纯粹的佛子之心来转山朝圣。”

“我不知道老师说的‘纯粹’是什么意思，我只知道‘有’和‘没有’的差别。其实，每个人都有一颗佛子的心。”沉默良久，才旺师说：“只是，心如种子。有的种子，遇到合适的条件就会发芽；有的种子，遇不到合适的条件就没办法发芽。我看过一个新闻，上面说，科学家发现了千年以前的睡莲种子，给以适当的条件，这颗种子居然发芽了。你看……时间对于种子来说，不是问题，是迟早的事。”

“然后呢？”“然后……我就好奇，老师的这颗种子是什么时候发芽的，哈哈！”才旺师笑道。

“也许，是我的寺院考察让这颗种子发芽的？”我猜测。

“当然不是！”对方断然否认。

“为什么？”

“很简单啊……做研究工作的人有这么多，为什么只有你来我们的寺院，而不是其他人呢？”相似的话，我在桑耶寺做田野考察的时候，也曾听闻。

当时，寺院的僧人问我，你为什么要来桑耶寺，而且一住这么久？我说，自己是来做研究的。可对方立刻否认了我的说法，并告诉我：无论出于什么样的理由，每年来桑耶寺的人成千上万。能待三天的，多则上万人；能住一周的，也有几千人；能待一个月的，就有数百人；能住三个月的，不过十余人；能驻留半年以上的，便只剩下几个人。而你，就是这几人之一。这是非常非常小的概率，发生在你的身上，能说：这只是一个偶然吗？

对方告诉我：这世间，并无偶然。所谓偶然，不过是各种因果业缘最终和合于一体，所显现的必然结果。

“我也很好奇，才旺师的这颗种子是怎么发芽的。”我笑道。

“这个简单，我告诉你，你告诉我，我们相互做研究。”对方说。

“还要做‘研究’啊？”我不禁暗暗好笑，心想，此人可真爱用“研究”一词。

“那是当然！”才旺师瞪着眼睛，一脸严肃地说道。

告别

此时，天光微明，前方出现一座披挂着大片经幡的矮山。才旺师告诉我，经幡覆盖的地方是武器库神山，据说，是守卫阿尼玛卿神山东大门的大将或是格萨尔王和三十员大将的军械埋藏地点。这座神山，位于阿尼玛卿峰的东南侧，名为“贡从玉泽”。传说，这位号称“威武玉泽”的大将，居住在东方中央宫，脸色白中泛红，右手举长矛，左手提喷焰摩尼宝置于胸前，身着金甲金盔及战袍，佩戴虎皮箭筒的皮鞘，威严高大，身跨紫黑战马，马配金鞍金辔玉缰绳。他统领四方大军，一旦发出号令，就会与四方来敌展开战斗。

或也有说，此处是金刚橛的圣地、长寿五姊妹的圣地，也是舍身修法的绝佳地。山崖上，有见即获益的莲花生大师化身像。山下，有一个自然形成的石法座，若在专门供奉空行母的宗教吉日，对其转经、磕头，将有利于佛法弘传。许多隐修者曾在山中修行，如阿奈桑姆、大成就者赞嘎尔，以及德赛拉钦多加等宁玛派伏藏大师。因而，当地流传着很多苦行僧在此虹化的传说。有些石头上，显出自然形成的种子字。

现实中的神山，以原始森林为主，宛如一座秀丽的自然公园。资料显示，山上栖息着各种野生动物，如雪豹、棕熊（看来，才旺师说这里有熊，是确有其事）、山猫、猞猁、狼、红狐、白唇鹿、香獐、黄羊、雪鸡、秃鹫等；生长着各类珍稀药材，如冬虫夏草、红景天、贝母、雪莲花、大黄、当归等。可惜，同行者中没有动植物学方面的专家，即便与这些生灵擦肩而过，也是相逢不相识。

途经此地，索白夫妇未做停留，与其他朝圣者一同，匆匆而过。才旺师和仁增径自向山脚走去。据说，这里有一座吉祥对鱼煨桑台，最初为贝若遮那和岭国总管查干所建。然而，草草转了一圈，并未见到这处煨桑台。转山朝圣者委实不多。山下，一块磐石上裹满了哈达，我疑心那就是圣迹志所说的“石法座”，于是，绕石三匝以示恭敬。层层叠叠的经幡中，出现一条山路，本以为，沿此路能够绕转神山；走了一段才发现，这条路绕过神山，弯弯曲曲地通往山谷背后。才旺师脱下那件破旧不堪的僧衣，说要藏在山中某处。因找不到上山的路，无法瞻仰那些天然显现的圣迹，我便和仁增先行离开了。

往前不久，忽闻身后有人召唤，回头看，才旺师正站在一处崖壁下挥手，示意返回。我和仁增转身走向崖壁，才旺师指着石崖上的一处手印，得意扬扬地说：“如果我不叫你们，就又错过了吧？”仔细看去，崖上的手印清晰可见，把右手放在上面，刚好合着印记的大小。

不知这手印是谁的，也不知为何出现在这里，四周无凭无依，它就这样突兀地出现在朝圣者必经的转山道旁，看见它的人，会情不自禁地将自己的右手放上去，触到冰凉石壁的那一刻，仿佛与山体相合。

手印上方的石崖上，寥落地挂着些哈达；手印下方的角落里，堆放着许多随身衣物，好像是人们刻意遗弃在这里的。我听过一个说法，在冈仁波齐的转山道上，有一处地方专门供朝圣者丢弃自己的随身物品，伴随着“丢弃”，自己身上的业障与污秽也随之清除，这种“丢弃”实是一种简洁的去秽仪式——不知此处是否有同样的功用，我取下自己的防风头套，扔到那堆衣物上。

然而，在“丢弃”的那一刻，荡漾在内心深处的意念，与其说是“去秽”，倒不如说在“告别”。

何时种下了种子，何时发芽

“四岁时，我的爸爸去山西出差，因家中无人照看，他只好把我带上。完成工作后，爸爸领我去了一趟五台山——我不知道他为何要去五台山，旅游？抑或顺道转转？我的爸爸并不是一个佛教徒。到了五台山，在中台大白塔的附近，忽然下起大冰雹。我们没办法离开，只好躲在庙里。这时，走来一个老和尚，他对我说，如果我愿意给殿里的佛菩萨磕三个头，他便给我三颗糖吃。二十世纪八十年代，物质匮乏，三颗糖对于一个孩子而言，真是无法抗拒的诱惑。我毫不犹豫地磕了三个头，于是，老和尚从供桌上取来三颗糖，送给了我。这是我第一次出远门，无意间，便走进了文殊菩萨的道场。

才旺师……你说，我是不是因为贪吃了佛菩萨的糖，那颗埋在心里的种子才会发芽？”

对方笑而不答。

“在我们家乡，当一个小男孩长到能开口说话的时候，大人们就会问他，你长大了，想当出家人，还是想在家？这时，小男孩就会说出自己心里的答案。当父亲这样问我时，我说想出家。于是，大人们记住了我的决定。我放过牛，念过书，等到合适的年纪，父亲就把我送进寺院，出家，直到现在。”

“一个刚刚会开口说话的孩子，能懂得什么，如此就决定了这一世的命运？”

“我们并不认为一个孩子就是一张白纸，他带着往生的因缘业力而来，也许，还有前世的记忆和未尽的事业。那时，孩子说出的话，是最本真的。也有人，长大以后，改变自己的心意，没有关系，这是可以改的。不过……我很幸运，从未改变自己的初衷，生活得也很快乐。”

“八岁时，父母带我去云南德钦的一个藏族山村度假。这个名叫‘拖顶’的村庄，就在金沙江边，是爸爸的工作地。我们在那里吃糌粑，喝酥油茶，并没有觉得不习惯。很快，我就有了自己的玩伴，她们都是藏族孩子，却用汉族的名字：冬梅、春梅、阿溜溜。有一次，我们在山坡上的玉米地里玩，不知为何，我忽然滑了一跤，滚下山，我试图抓住玉米秆，可无济于事，眼看着越滚越快，再往下，就会直接掉进江里。后来，我不记得自己是怎么停住的。我的遭遇吓坏了小伙伴，她们带我去溪边擦洗身体，发现只有几处轻微的擦伤。几天后，她们带我去山上的寺庙。走到寺院门口，就要脱鞋。我们光脚进去，大殿的木质地板，光亮温润，平滑如肌肤一般。她们说，每天都要用酥油擦地。——我对这座寺院的全部记忆，就是这片深色的地板。天空、植物、建筑、僧人、同伴、佛菩萨……仿佛一切都从脑海中隐去，只剩下空空的温柔的木地板。”

“有一年，明色仁波切要普传大圆满法。得知消息的信众，纷纷从四面八方赶来，短短几天里，寺院内外云集了一两万人。当初的寺院，不是你现在看到的样子，只有几座经堂，不多的房舍，一两百个僧人。那时，漫山遍野，都是小小的青色草皮房和白色帐篷，一座挨着一座，一顶挨着一顶，几乎看不见地面。这么多人，慕名而来，都想请法。有时，仁波切是一对一地传法；有时，是给很多人一起传法。上万人啊……花了好几个月的时间才传完……”

“二十一岁，大四那年，社会实践。一个偶然的机会，我参与到一个电视节目的拍摄，当时，要去四川阿坝州的红原和若尔盖。那是我第一次进入青藏高原。本以为，高原之所以高，是因有群山峻岭；谁知，翻过山后，眼前出现的竟是一片和缓的坡地，如我家乡的丘陵。青山之上，蓝天之下，一片红墙金顶，途经麦洼寺。寺院的大活佛，在他的僧舍里接见我们。我已忘记当时跟这位活佛交流过什么，只记得自己的第一个藏文名字。活佛叫我：央措。多年以后，我才知道，‘央’原是文殊菩萨的名。”

“出家后，随师父过了几年，然后进入佛学院学习。寺院学校的堪布，曾是我的同学。一次，我们讲起求学时的故事。他说：才旺，你可真是一个固执的人啊。当时，学校周围要拉铁丝网，没有工具，只能徒手操作，很多人以此为由，纷纷放弃。只有你一个人还在坚持，我看着过意不去，便只好陪你一起做。后来，管事的僧人见我们完成了，便又要求我们去把寺院的铁丝网围好。结果，我俩又花了几天的时间去为寺院拉铁丝网。当时，如果你放弃，这件事就没人去做了。

寺院的生活，跟你们的世界一样，什么样的人都有。有的固执，有的软弱，有的聪明，有的愚笨，有的家境很好可以住大房子，有的经济拮据没有住的地方，有的温和，有的急躁，有的擅长经论，有的喜欢实修，有的福报深厚，有的福报浅薄。每个人都是不一样的，虽然穿着一样的僧服。

还是因为固执，我跟佛学院里的一些人合不来，最终，没有完成学业，便离开了……才旺，从此成了一个没有文化的人。”

“二十五岁，结婚两年，工作四年，有房有车，却不知自己想要什么：该有的都有，却仍觉空虚。于是，辞掉工作，结伴入藏。这本是一趟无望的旅行，也不希求于任何启示。在从青朴修行地返回桑耶寺的路上，我和同伴坐在颠簸不堪的拖拉机里，蓦然回首，竟看见雅鲁藏布江的河谷上方，升起一朵祥云。粉红色的云朵，驻足半空，如莲花般次第开放——这真的是云彩吗？那一刻，我恍如身处异境，但这样的景象，却是熟悉的。在寺院的壁画上，时常能看见如此具象的云彩，如华盖，似海螺，像摩尼宝，或是莲花……自那时起，我才意识到，有些先前只作为‘想象’而认知的事物，原本真实不虚。对于这个世界以及此世之外的世界，我所知甚少——却又如此好奇。”

“离开佛学院后，我去明色仁波切的灵塔殿和禅堂殿做了一个掌灯师，负责点灯、供水、清洁打扫。那时，明色仁波切已圆寂多年，我喜欢一个人和他留下的遗物在一起。有些法器，具有极强的加持力，时常有人想借用。但寺院有规定，不能随便外借，为此，我甚至拒绝了自己的上师。想不到，上师又去大堪布那里开条子，大堪布居然同意了。这件事让我很生气，明明是寺院自己的规定，为什么还能有特例呢？如果这样，那就随便外借吧，我也不至于得罪自己的上师。我不想再做掌灯师了，所以，就在闭关院住了两三年。出关后，一心想远走他方。我以为，自己的目的地会是卫藏，但一位仁波切开示说，我该去的地方是五台山。就这样，二十六岁那年，我离开了自己的寺院，只身前往汉地，去往那座只是听说过的五台山。”

“三十一岁，攻读人类学博士的第三年，儿子嘉和出生未满四个月，我孤身前往桑耶寺，开始一个人的田野考察。我在寺院度过了无忧无虑的半年，身边的朋友，无论僧俗，都对我极其照顾。如生活在世外桃源一般，我几乎忘却了人间烟火。直到一天，转山路上，忽闻噩耗，我不禁嚎啕大哭——除了哭泣，也不知还能做些什么。转过山脚，遇见一家朝圣的藏族人。他们同情地望着我，虽不知发生了什么事……走出许久，一个孩子追上来，他问：你一个人？我说：是啊。他说：你好辛苦。说罢，递给我一块雪饼，便离开了。打开包装袋，咬了一口，五味杂陈。那时，心中不由起愿：穷尽此生，必行游于汉藏之间，圆融世出世间之法。”

“抵达五台山的第一天。那时，天色已晚，有个当地人叫我去找旅馆住；我想，自己是个出家人，来五台山是为了修行的。住旅馆——缘起不好，无论如何也要去找个寺院住下。于是，我就往山上走，走了很久，终于见到一座寺院，可是，怎么敲门都不应，我围着寺院转了一圈，发现有个地方落了很多树叶。当时，是初冬，并不太冷，我也不怕冷，索性躺在这堆树叶上，睡了一晚。没能进到寺院，但好歹在寺院旁边。后来，经人介绍，我找到一处可以接受藏族僧人挂单的寺院。住了不久，感觉寺院里关系复杂，就想搬出来一个人住。这时，寺院管事的人告诉我，他们还有一座子寺，在后山，没人打理，我可以搬过去住。我的一个朋友，他也是藏族僧人，说：‘不能去！那里风水不好，以前久住的人都着了魔。’可我不怕，收拾包裹，赶紧过去。那里已经废弃了很久，墙坏门破，四面透风，没有水，没有柴火，几乎什么也没有。我做了护法供，感觉还好，打算长期住下。持咒，念经，打坐，提水，吃饭，睡觉。每日如此，平平静静。没有上山下山的路，偶尔，会有几个放羊的人过来坐一坐。渐渐地，我和这些当地人熟悉起来，成了朋友。就这样度过了许多年。人们习惯叫我：莲花寺的藏族和尚。”

“离开桑耶寺的前一周，皈依三宝，有了自己的皈依上师。虽然那时，并不明白皈依的真正含义，但我想以这种方式表达自己对这座寺院以及寺院僧人的敬意与谢意，我愿意学习如何成为其中的一分子。这次，我有了自己的法名：卓玛拉泽。”

“几年后，我已离不开五台山，那里是我的家。在几个汉族居士的帮助下，我整修了莲花寺。那小小的三间瓦房，一间用作佛堂，一间用作厨房，一间用作起居室。我在房子的前面修了一道围墙，一砖一石都是自己找来、自己垒砌的。后来，我又修了八个房间，供朝山的信众和闭关修行的僧人使用。”

“三十三岁，博士毕业一年，无业游民。我重回桑耶寺，希望能做一些田野回访。那时，寺院最年长的僧人欧珠拉已经圆寂。不知为何，对于这座寺院，我忽然觉得有些陌生。于是，托朋友帮忙，在桑耶附近找到一个尼姑寺，寺内只有十五个阿尼；约定住在寺院，跟随阿尼学习念经与日常会话。然而，就在我抵达的第二天，却不得不选择离开。”

“一次，上师要我去帮他处理事情，那时，我感觉莲花寺的处境已岌岌可危。但没有办法，上师的要求，一定要完成，于是，我去了上海。几个月后，回到莲花寺，但那里已经没有寺院了——房子被夷为平地，里面的东西全都不在了。问当地人，谁也说不清是怎么回事。所幸，我走之前，已把最重要的东西安置在别处。莲花寺，好像一夜之间就消失了。后来，我遇到一个房东，他人很好，我就搬到他家所在的村子里去住。尽管如此，那些早先认识的当地人，还是叫我莲花寺的藏族和尚。”

“后来，经一位居士建议，我想彻底更换一个田野点。听说，安多地方可以住在寺院里学习经文，而且，当地通晓汉语的人也不多，有得天独厚的语言条件。只是，当地海拔四千五百米，条件艰苦，气候严苛，且须帮助寺院学校教授汉语。我从未到过安多藏区，那座寺院的名字也是第一次听说。然，话已至此，便决定先去实地走一趟。”

“去年秋天，忽然接到梁居士的电话。她说，已经帮寺院学校找到了一个汉语老师和一个英语老师，她们现在就想去寺院看一看，要我陪着一起去，这也是上师的意思。于是，我从五台山启程，返回果洛。在达日县的一家宾馆里，我见到一对母女，那个胖胖的女孩，据说是英语老师；我还见到了觉海师父，他带来了一个人，说是汉语老师——那个人，就是你。”

“嗯，第一次见到……”我笑着说，眼前依稀浮现出相遇的那一刻：两位师父热情地打招呼，像久别重逢的老友。

“不，是终于又见面了。”才旺师纠正道，“虽不知在前世有怎样的缘分……”

“可是，在此之前，我从未想到自己会遇见一个名叫‘才旺’的藏族和尚啊。”

“……那是因为你忘记了。其实，大部分人都会把过去忘得一干二净。你们汉族人死后，不是要过一座桥（奈何桥），喝一种水（孟婆汤）吗？就是为了抹去前世的记忆吧。不过，即便忘记，也没关系。我们藏族人有句话：要想知道前世的情形，看看你现在的生活就知道；要想知道来世的生活，看看你现在的作为就明白——你可以忘记，但因果不虚。”

最好的死法

不知在峡谷中走了多久。低矮的公路，几乎与汹涌的河水齐平。激流推攘着叫嚣着拍打着河岸，轰隆作响，伴着回声，以及回声的回声，几乎淹没了其他的声音。才旺师和我，各自赶路，不再言语。讲完了故事，剩下的，便是完成这段旅程。

经过一片飞石区，拳头大小的石块簌簌下落。我向上望了一眼，半山处，有一片高架桥的施工地，工地下方的陡坡被剥去了植被，碎石裸露在外，成为滑坡落石的来源之一。虽然，有钢丝网挡在公路上方，但却效用不大。仁增被这些落石吓得惊慌失措，大呼小叫。我安慰道："不要尖叫，你的声音也许会吓落更多的石头哦！"紧紧拉着他的手，一起快速离开了这片区域。

才旺师跟上来，问我："你害怕了吗？"

"怕什么？"

"石头砸在脑袋上——"随即，做出一个晕倒的姿势。

"害怕被石头砸死吗？呵呵……如果今天注定有一块石头要落在某个人的头上，那还是落在我的头上比较好。"

"为什么？"

"因为活着是一件很辛苦的事啊！忽然间，这么走了，就像换了一件衣服，一切重新开始，不是很好吗？"

"傻瓜——"才旺师狠狠地骂道。

"为什么骂我傻瓜？"我困惑地望着他。

"老师，是个有福报的人，哪里会这么容易就死掉？！"

"好吧……"我叹了一口气，"既然不容易死，那就只能怀着必死的信念，继续活下去。才旺师，你呢？你希望怎样的死法……"

"对出家人而言，最好的死法当然是找一个没人知道的山洞，在里面打坐入定，这样静静地死去。”

“就这样……悄无声息地，像泥土一样？”

“对啊，像泥土一样。”对方笑道。

佳嫫没，卓玛拉泽有

走出峡谷，熟悉的高原草甸再度回到眼前。天色放晴，云雾缓慢升腾，如回家一般，隐入山巅。朝圣者的脚步越来越轻快，先前聚合在峡谷中的人流，慢慢散落于辽阔的原野中，有的人继续在公路上行走，有的人则选择了山间便道。

终于，眼前出现了一家驿站，众人欣喜若狂地奔过去。年轻人捧起方便面碗，孩子在货架前搜罗糖果，老人会要一壶奶茶，就着饼子慢慢喝。我们到得早，找到一张桌子，点了一壶奶茶，要了七张饼子，称了半斤凉菜，五个人大快朵颐。

其间，旺札措和仁增聊起闲篇，“佳嫫、佳嫫……”说个不停。我虽觉得对方在谈论自己，但因说的是藏语，似乎也不好插话。这时，索白在一旁嚷道：“佳嫫没，卓玛拉泽有！”妻儿自顾聊天，无人搭理这位半路杀来的“程咬金”。索白不依不饶，大声重复道：“佳嫫没，卓玛拉泽有！”这一次，旺札措和仁增不约而同地愣住了，闭上嘴巴，瞪大眼睛望着索白。旺札措小声嘟囔了一句，索白笑了笑，用温柔的语调再度强调：“佳嫫没撒！”

我感激地望了一眼索白。他什么也没有说，只是笑了笑——惯常的略带羞涩的笑容。

继续往前，经过一片开阔的河谷。公路近旁，零星分散着几户牧民，有圆似方的院落，与中原平房别无二致的房舍。一群黑色牦牛正缓慢渡河，它们要到河对岸的山坡上，牧牛人则留在河岸的这一边。“他不跟着牛群一起过河，难道不担心牛群走散，或者不回来了吗？”我问仁增。小家伙笑着说：“牛宝宝在家里撒，它们到了晚上，就都回来了撒。”“哦……”我恍然大悟，原来是这样，用小牛做“牛质”嘛。

路边的草坡上，出现八九顶漂亮的白帐篷。与驿站的白帐篷不同，这些帐篷的篷布上装饰着漂亮的图案。

“豪华旅馆？”我寻思道。

“你想什么呢？”才旺师瞥了我一眼，“现在离蔡那卡多只有不到一天的行程，谁会在这里住宿啊？都奔着蔡那卡多去了。这不是旅馆，是附近的牧民在河边耍坝子！”

“哦……也不用搞出这么大的阵仗吧？”我不禁感叹。

“要不要过去坐坐？”才旺师打趣道。

“不用，不用……还是继续赶路吧。”

与公路交叉而过的，是一大片河滩，大大小小的卵石裸露在外。才旺师如获至宝，赶紧跳下河滩，开始找石头。尾随而至的索白，也情不自禁地跳了下去。

仁增对我大吼一声：“姐姐你看！”我转过身，心想，看什么呢？只见这孩子对准一块标识牌，又捶又打又踢又揣，不过一两分钟，这块原本直立的标志牌便倒了下去。我向四周望了望，除了路上的朝圣者，没有其他人，于是，赶紧拉着仁增，离开了。

花花草草

远处，在一道高高隆起的山脊上，出现了一座寺院；寺院背后，是一片恢宏的拉则群和一座高耸的信号塔。“要不要上去？”我问才旺师。“当然要啦！不过……现在先休息一下。”找到一块草坡，席地而坐，眼前的转山者如走马灯般穿行而过，他们没有去山上朝圣，而是径直走向蔡那卡多。

索白夫妇拄着拐杖，不紧不慢地走来。坐在我们旁边。旺札措开始给仁增梳头，索白撅了根草梗剔牙，才旺师拿出暖水壶，帮我倒了一杯热水，我无所事事地拿着相机拍照。“我们要在这里停留多久？”“别着急……别着急……”才旺师摆出一副长驻沙家浜的架势，不知他在盘算什么。

这是转山路上最后一个重要的圣地：岭日班玛本宗。才旺师告诉我：山脊所在之处，是岭国万朵莲花宫，传说，是格萨尔王和三十员大将祭拜神灵的地方，也是黄河流域的富饶之地。资料有云，岭国时期，格萨尔王的大将姜稠王子玉拉托巨等将士们每次出征时，都会向神山祈祷，祈求保佑作战成功，因为这座神山是阿尼玛卿的女儿央金曲吉卓玛和儿子顿珠闹吾昂杰的圣地。

民间传说，有一次，岭国的将士们在这里向阿尼玛卿神山祭祀煨桑时，听说霍尔国的臣民也准备向阿尼玛卿神山祭祀煨桑。格萨尔王的哥哥贾查霞尕尔得闻此讯，勃然大怒，从岭日班玛本宗发兵，抄阿尼玛卿东侧近路，在哈龙沟与霍尔国军队展开激战。打死打伤了无数霍尔国的士兵。

这时，霍尔国的神牛忽然冲了过来，贾查大将连射三箭，将其射死。接着，霍尔国的神犬又冲了过来，贾查大将挥刀三次，将其剁成三节。随后，贾查大将杀死了众多霍尔士兵，还砍死了霍尔国大将拉托加。当时，贾查所抄之近路，叫作拉兰尕布，即“白色天路”，就是现在的哈龙沟，也是转山必经之道。射死的霍尔国神牛，变成了一块黑色岩石，石上不仅有三处中箭的痕迹，还有贾查大将和神犬的足迹。据说，有时可以听到从岩石中发出的呻吟声。此石因而得名："怕龙欧代"，即"呻吟石"。据此石不远的地方，还有一块红色岩石，传说是霍尔国神犬所变。这块红岩，如刀削斧劈般，断为大小不等的三截。在河的对岸，有一处小山坡，那里埋葬着霍尔国的大将拉托加。

一路行来，没有遇见那两块颇具传奇色彩的岩石，但从圣迹志上的照片来看，岩石的外观形貌与民间传说的描述，几无二致。

一行五人，心无记挂地躺在草坪上晒太阳。转山路上，第一次过得如此悠闲。仁增找来一朵蓝色的花，缠着才旺师，给他做风车。一朵花怎么会变成风车？我好奇地看着俩人。才旺师揪掉花茎，再小心翼翼地拔出花蕊，随后，找来一根坚硬而纤细的草梗，插入花蕊原先所在的地方。握住草梗，将花朵迎面放在嘴前，轻轻吹动花瓣，这朵五瓣小花，便如风车般转动起来。仁增接过"风车"，乐得心花怒放，鼓起腮帮子用劲地吹。

"想不到，你还有这本事……"我由衷赞叹道。"嘿嘿……小时候经常玩的把戏。放牛的时候，没有事干，也没有玩具，天天跟这些花花草草打交道，自然就会啦。""那……你还会什么？""用炮仗花逗小婴儿玩。""怎么做的？"才旺师回头对仁增低声吩咐了几句，孩子立刻摘来另一种野花。这种小花，有白色，也有蓝色，形似百合，花瓣无法完全绽放，自花茎往上，先围合成一个长长的圆桶状，最后在末端，散成五大五小相间的十片花瓣。花瓣上，附着一层软软的绒毛。才旺师揪下花茎，把那一头含在嘴里，用唾液将其打湿，用嘴唇将之碾平，然后，取出来，用一只手紧紧握住。接着，换另一端，先向花苞里吹一口气，然后将这一端含在口里，如法炮制。取出后，用另一只手紧紧握住。将花朵放在耳边，两手相向轻轻一挤，便发出"噗——"的一声闷响。据说，小婴儿听见这样的声音，就会情不自禁地笑起来。于是，这种花，这种玩法，便专用于逗孩子乐。

仁增学着才旺师的样儿，反复试了几次，均告失败，想来，要掌握里面的诀窍，也不容易。我知道一种最简单的玩法，是学校的孩子们教我的：用兔耳朵草做飞机。这种草，一片一片地长，形状像兔子的耳朵。找三片兔耳朵草，在其中一片上，对称戳两个洞，作为“机身”，然后把另外两片叶子，沿叶梗的方向，分别插进洞里，作为“机翼”。如是，“飞机”就做好了。倘若洞的位置、大小得当，这架兔耳朵飞机真的可以逆风飞扬。

——不知不觉，三人便在这些花花草草中消磨了许多时光。

愿诸吉祥

终于，才旺师站起身，拍拍衣上的草屑，招呼大家把行李放在一处，用我的雨衣裹住，其上，再压两块石头，表示“此物有主”。随后，一行人往山上爬去。

途径一片民宅，山道两边，遗落有许多玻璃啤酒瓶。每次见到这些瓶子，才旺师就会嘱咐我们拿石头把这些玻璃瓶砸碎。他解释说：这些装过酒或饮料的瓶子会招来很多小虫子，虫子进去以后，出不来，就会活活闷死，由此，造了不少杀业。所以必须把这些瓶子弄碎。至于那些喝过的饮料瓶，一定要盖好瓶盖再扔掉，这样，虫子钻不进去，也就不会因此而造杀业了。由此，我才明白：那些扔在路边的废弃饮料瓶，为何总是盖着盖子的。

渐渐地，砸玻璃酒瓶也成了我们的游戏。大家纷纷找来石头，在离瓶五六米处，对准，扔过去，看谁最先命中，一击而碎。我的动作慢，索白夫妇便在一旁叫着“卓玛拉泽来一个！卓玛拉泽来一个……”一边等我出手扔石。一路上，我砸碎了两三个玻璃瓶，也算小有斩获。仁增如快活的小马绕着弯路，到处找玻璃瓶，拎回来，一起砸着玩。

山顶上的这座寺院，名为岭日三根本佛堂。在寺院门口，遇见一对青年男女，似乎刚走出寺院，正蹲在草坡上休息，手里拿着一张玛卿护法的单页画像，见我走来，顺势送给了我，并说，要好好保存这张画像，还应去放生。我不知道他们是谁，因何要对我说这番话。无论怎样，能得到一张玛卿护法的画像，让我格外开心。

此前，屡屡向才旺师提出，想请一张玛卿护法的画像。这样走了一路，却连朝圣对象的模样都不知道，实在有些说不过去。才旺师告诉我，玛卿画像在大武有的是，回到县城再去请也来得及。话虽如此，却也惦记了一路。

走进寺院时，我猜测，这张画像原本是三根本佛堂派发的纪念品，如若遇到，还要再请一张。然而，实情未如想象，这座寺院并不提供玛卿画像。

望着这位不期而至的玛卿神像，更觉这段偶遇之奇妙。如今，已怎么也想不起这两人的音容笑貌，唯一念念不忘的是：回去以后，一定要去放生——这要求虽出自陌生人之口，却觉得字字珠玑，不容置疑。

玛卿神像的背后，如此介绍：

玛卿护法，藏名为“玛嘉波局”，是雪域藏地的守护者，藏传佛教中，最具加持力的金刚护法神之一。对其祈祷者，常获财富增长、事业吉祥；因此，具信者视其为殊胜的财宝神。格萨尔王时代，玛卿护法被尊为灭除邪恶势力的战神，是格萨尔王每次出征前供养祈祷的对境。现今浊世，通过虔诚祈祷玛卿护法的加持，亦能消除劫夺、车祸、地震、空难、海难、地区战争冲突等意外伤害及怖畏。

众多伏藏大师之法卷中均称：玛卿护法是金刚萨埵佛与观世音菩萨为悲悯众生而化现的十地自在之智慧护法神，它的悲心、智慧及神通，与世间天神护法有天壤之别，是上师、本尊一体之化现，遣除道障磨难、成就事业之根本。在具信者面前，玛卿护法常幻化为人形加持诸弟子，令之远离迷途、险难、雪雹等种种怖畏。在青海一带，此等事迹比比皆是，常为人们津津乐道。祈祷者，仅仅呼唤其名，亦如空谷回音般速获加持，何况有人恒常供赞、祈祷，其世出世间一切事业，无不如意成办。

雪域大德、大持明修贡玛智仁波切念汉地诸弟子求法之诚，特遣派此极为殊胜之玛卿护法常驻汉地，恒时加持诸具缘弟子。具信者，应常时祈祷，增上顺缘，消除地道之一切魔（军）障！

愿诸吉祥！

朝佛

不知对方是否因为我是一个佳嫫，才将这张玛卿护法的画像送给了我。才旺师把画像夹在《阿尼玛卿雪山旅游指南》里，走入院门。这座精致的寺院，呈四合院结构，两侧是若干间偏房，院门正对着的，是一座主殿。拾级而上，在主殿门口脱鞋，入殿，先磕三个大头。平滑的复合地板，打扫得一尘不染。一位驻寺的阿卡引我们进殿，据说，岭日三根本佛堂是根据西庆活佛和空行母达热拉姆的旨意，由当地信众捐资修建的。除了这座四合院，其后还有两座独立的殿堂，内供莲花生大师、马头明王、金刚亥母、格萨尔王和玛卿护法等造像。

顺时针绕殿，墙上绘满壁画，色泽鲜艳，形象灵动，多以莲花生大师为主题。随后，在殿内供灯，并留下些功德钱，阿卡一丝不苟地记下我们的名字，以便在念经后做回向（以自己所修之善根功德，回转给众生）。出大殿，出院门，站在山坡上，索白告诉我，从这里可以远远地望见蔡那卡多，它在河谷的尽头，坐拥一片白帐篷。我静静地看着一览无余的河谷，目的地已遥遥在望，心中却不知该做何念想。

沿着山坡继续往上，途经一座方形煨桑台。这座吉祥昌盛宝瓶煨桑台，据说由格萨尔王的大将姜稠王子初建。煨桑台周边的地面上，撒满白花花的隆达，如雪片般覆盖着青草地。台边，有几人正在神情肃穆地煨桑，才旺师和仁增也加入其中，随后，还有索白。我忍不住向煨桑台走去，但见旺札措站在一旁，向我笑着摇摇头。好吧，女人不能靠近，我就地止步，转身向煨桑台后面的佛堂走去。

坐在佛堂的门口脱鞋，看着三个男子笑脸盈盈地走过来，一副心满意足的样子，不知跟神灵做了什么交流。想想真是不公平啊，为何女子不能煨桑呢？不过，若按民间传说来看，古时煨桑，多与战争相关，而战争的主体是男人。女人之所以不能煨桑，也许是涉及女人与战争的某种关系——某种消极的关系，因而不得不回避。

“在想什么呢？赶紧进去吧……”才旺师一边喊话，一边好奇地瞪着我。

“啊！胡思乱想，胡思乱想……”我慌忙起身，跟着他们走进佛堂。

这间佛堂，面积不大，没有阿卡守护，我们匆匆绕了一圈就出来了，没留下太多印象。接着，走向其后的另一座殿堂。站在门口，正欲脱鞋，却被索白止住，他告诉我，这是一间护法神殿，不用脱鞋就能进去。想一想，佛菩萨与护法神的待遇还真是有些不同。进到殿内，看见一位骑着黑牦牛的护法神，颇具地方色彩，在其他殿堂不曾见过。虽是一间护法神殿，却也供着主供佛莲花生大师，只是委屈他了，大家都没脱鞋。献过供养，依次离开。

护法神殿的后面，有一大片拉则群，屹立在山岗制高点。与别处拉则“一”字排开的形制不同，这处拉则合围成一圈，经幡连缀着经幡，构成一个封闭的环形空间。透过经幡的缝隙，可见其中并非空无一物。在空场地的中央，有一座石砌三层高的方形拉则，其上插满色泽艳丽的箭旗，想必是此处拉则群的主拉则。在方形拉则的一侧，有一座小型供石曼扎，结构有些凌乱，其上，潦草地堆放着些经幡、哈达和幡旗。在拉则群的下方，有一堵石经板墙，刻着《甘珠尔》的经板垒放得整整齐齐，经墙四周，供奉着浅浮雕式的佛像石板。

绕拉则走完一圈，缓缓下山。半山间，偶遇从寺院来的一位活佛。大家围坐在草地上，喝茶，晒太阳，听活佛与才旺师闲扯家常。直到日头偏西，方才启程。

家人

才旺师兀自往前，我和索白一家紧随其后。走在刚刚铺好路基的宽阔大道上，众人一言不发，仿佛各怀心事，疲于赶路。仁增沿途舞弄着我的登山杖，一会儿扮武松打老虎，一会儿演孙悟空三打白骨精，忙得不亦乐乎。

眼见蔡那卡多将至，索白忽然指着自己，对我说：“索白，你的阿噢！”随后，又指着旺札措，对我说：“旺札措，你的阿姐！”仁增在一旁补充：“阿噢，你的哥哥撒！阿姐，你的姐姐撒！我，仁增，你的弟弟撒！”索白听着，点点头。我一时间没明白这辈分是怎么算出来的：一家两代，都成了我的兄弟姐妹——既然大家有共识，我也无异议。

于是，大声对索白叫道：“阿——噢——”索白笑着回答：“卓玛拉泽——”

随即，对旺札措喊道：“阿——姐——”旺札措笑道：“卓玛拉泽——”

再唤我的淘气小弟：“仁——增——”仁增大声地说：“姐——姐——”

“阿——噢——”“卓玛拉泽——”“阿——姐——”“卓玛拉泽——”“仁——增——”“姐——姐——”“卓玛拉泽！”“阿噢——”“卓玛拉泽！”“阿姐——”“姐姐！”“仁增——”“阿噢！”“卓玛拉泽——”“阿姐！”“卓玛拉泽——”“仁增！”“姐姐——”

……

山谷中，回荡着我们的叫喊声。虽近在咫尺，却不约而同地使出浑身力气大声呼喊着对方。擦肩而过的朝圣者，不禁好奇地回头张望着。

这一天，我终于有了远在青海的亲人。

这一天，我将与刚刚结识的亲人告别。

本来无一物

才旺师与我们渐行渐远，终于，独自走上一条新铺的高速路路基。“他为什么要走那里？前面没有路了。”我不得其解。

索白笑道："随便他呗……他知道撒。"

他知道什么呢？……

望着眼前这个越变越小的身影，我回想起年初时在五台山见到才旺师的情景。那次，因研究所需，去五台山请法本，暂时寄住在才旺师家。恰逢藏历新年，才旺师和其他几位在五台山过年的藏族僧人，聚在他家做新年会供。念完经，吃完午饭，才旺师不禁歪倒在里屋的炕边，和衣而睡。见状，我不由笑道："这可真是一位容易犯困的师父啊！"谁知，一位僧人告诉我：老师，您不知道，因为您今天要来住，才旺师赶紧收拾屋子，折腾到深夜，一晚没休息；今天凌晨，我们要一起念经做会供，他又跟我们一起做法事，直到现在才合眼。老师，才旺师不是一个容易犯困的人，他只是太累了。

原来如此——静静望着这个埋头沉睡的人，一时无语。早知让他如此操劳，我自己随便找间宾馆住就好了。当时，只听他说要过藏历新年，便好奇地想住在一起，看看究竟是何情境。那一夜，僧人们把里屋的热炕让给我；他们睡在外间，有的人，还不得不打起地铺。

次日，才旺师领我去清凉寺朝圣。这座古老而僻远的寺院，因寺内的一块清凉石而得名：据说当年，文殊菩萨特意从龙宫请出这块清凉石，用以消除五台山的炎热气候。此后，这块神石就留在了五台山，成为文殊菩萨的法座。

在去清凉寺的路上，才旺师不经意地指着一座远山，告诉我，当年住过的莲花寺就在那面山坡上。越过密密匝匝的丛林，依稀望见几间瓦房茕茕孑立，前无村舍，后无宅院，伴着积雪和枯草，伫守在荒山上。一位初来汉地的藏族僧人，就是在那里独自度过了许多年吗？我不禁思量。

"听说，莲花寺的那块地已经被人从村政府的手里包下来了……”开车的司机是才旺师的房东，当地人，“好像是有一个师父要投资，重新盖一座大寺院！”“新的莲花寺吗？”我问。“就是！”司机答道。我转过头，问才旺师：“你知道这件事吗？要建新的莲花寺了。”对方点点头。我又问：“你开心吗？”

“开心！为什么不……”

“换作是我，”我说，“就会觉得不开心。”

“为什么……”对方喃喃问道。

“如果是我在那里住这么久，即便条件再艰苦，也会生出许多感情，忽然就这么变成了别人的……一时间，肯定接受不了。会难过的。”

“我没有觉得难过，”才旺师笑道，“我自知福报浅，没有办法守护寺院，重修寺院。现在，有人来做这件事，不是很好嘛？谁建寺院都一样，因为里面供奉的佛菩萨都一样呀，才旺随喜赞叹他的功德。”

“那……你自己呢？”

“做一个无牵无挂的流浪僧吧！哈哈……在哪里都没有家，在哪里都能安住。这样不是很好吗？老师……”

我不知道这样是不是很好，对于心无挂碍的人来说，“好”与“不好”无甚差别。又或，对方不过是想安慰我罢了。那顶橙色背包随着才旺师的步伐，在眼前跳跃晃动，犹如风中的火花，过了今天，不知它明天会出现在哪里。

右侧，一面由白、黄、黑三色砂土组成的石崖，从远及近，缓缓而来。它名为蔡那卡多，即“混杂的朱砂色”。此处，被认为是三怙主的圣地。石崖下，满是大大小小的供石曼扎，延绵至整个山谷，想必是在此结束转山之旅的朝圣者日积月累堆积而成。

望见蔡那卡多，意味着此行转山的终点已近在眼前。旺札措的脸上不由自主地流露出欣喜之情，拄着单拐，奋力往前。仁增快活地既如往常，我承诺，转山结束后，就把登山杖送给他，此时，他紧紧握着这根手杖，寸步不离。索白背着自家的所有行李，弓腰塌背，不缓不急地往前走。才旺师爬上高速路的路基后，已不见踪影。

前方出现一排绿色的帐篷，接着，是鳞次栉比的白色简易房。餐厅旅馆的各色招牌，沿着公路一溜儿排开。越野车、面包车和小轿车，见缝插针地停在路边。前方垭口的拉则群，越来越近，越显越大。山坡上，隆达忽高忽低地飘着，桑烟如波浪般滚滚而来。我不经意地看见了一家熟悉的餐厅招牌，这才意识到——我回来了，重新回到了起点。

……没有想象中的激动，也没有想象中的兴奋，掠过心头的竟是一丝惘然：绕转一圈，回到起点，那期间经历的种种，又算是什么？仿佛是用自己的脚步给自己的人生画了一个大大的句号——也许，沿途发生的一切，不过是为了闭合这个“本来无一物”的轮回。

如是想，倒也不觉沮丧，只不过，与出发时的心境，迥然不同。

终点与起点

才旺师蓦然出现在眼前，与索白商量，找回程的汽车。如他所言，回大武的车果然好找，我们租了一辆小轿车，与司机约定，吃完饭，就出发。

餐厅里，坐满了归来的朝圣者。有的人神采奕奕谈笑风生，有的人身心疲惫沉默寡言，有的人坐拥同伴热热闹闹，有的人独守角落形影相吊，有的人如归来的英雄，有的人则神色清淡。除我之外，都是藏族人。再不愿说话的人，也会相互问问“你哪里的？”一路行来，我没有遇见一个汉族转山者，或许，即便遇到，也因彼此未曾示意而错过了。餐厅的服务员都是男孩子，动作轻快，为人热情，端茶倒水，毫不含糊。索白找到一个临窗的座位，大家相视而坐。仁增憧憬着返回大武，这一次，美梦不虚，定会有宾馆、标间、电视和动画片。旺札措低头整理自己的衣衫，她那头乌黑亮丽的长发，一丝不乱。索白问我要手机号。我的心，顿时一沉，这是临别时才会想做的事：记在本子上，存在手机里，拨通电话号码，确保万无一失。

“以后到达日，我们家来，一定撒。”我点点头。“达日的，我们有撒，不要住宾馆，贵，住家里。”我点点头。“在寺院，有什么想要的，打电话，我司机撒，乡里开车去，给你带撒。”我点点头。

“我，阿噢撒！旺札措，阿姐撒！不要客气，随便地来。”我点点头。

……

我从未见索白一口气说过这么多汉语，似乎，他要把这些天想说而没来得及说的话，都讲给我听。我沉默着，不停点头，害怕一张口，眼泪也跟着涌了出来。

阳光透过玻璃，照进来，暖暖的，大家抹着额头上渗出的汗珠，纷纷脱下外套。窗外，狂风肆虐，呜咽嘶号，尘土裹挟着垃圾袋，忽而漫天飞扬，旋即又重重地砸在地上。坐在房间里的人，正享受着自己的美餐，丝毫感受不到外界的严苛与苦寒。

走出餐厅，无意间看见一个坐在门边的女人，目光相触，彼此习惯性地笑了笑。

对方问道：“你是一个老师吧？”我很吃惊，不禁反问：“你怎么知道，难道我的脸上写着‘老师’两个字吗？”对方笑着说：“一看就知道啊！昨天我就注意到你了。”“哦……”我不好意思地回答，检索记忆，却完全找不到这个女人的一丝踪影。

“走了几天？”对方问。

“六天。”我答。

“哦，很厉害啊！”她感叹道。

“还好……有同伴一起走。”

“今天要回大武？”

我点了点头。

“路上小心，注意安全啊……”

“嗯，谢谢！”我向她挥手告别，跟随索白一家，继续往前，心想：与转山的步道相比，回大武的公路有何艰难？

半路遇到才旺师，趁我们吃饭的工夫，他已完成煨桑，并做回向。“你去念回向偈吧！”他对我说。“好的，请借给我法本，我现在还背不出来。”才旺师笑了笑，引我到供石曼扎之前，找来一块硬纸板，铺在地上。“你坐在这里啊。”他指着硬纸板说。我盘腿坐在上面，面朝供石曼扎。

才旺师拿出一部汉藏对照的法本，指出几段经文，要我大声朗读。于是，我屏气凝神地念颂起来。才旺师不时地凑过来看看，他读的是藏文，听我用汉语念，想必很新奇。偶尔，会有几个煨桑的朝圣者从我的面前经过，他们几乎不用刻意关注，便知我在做什么，就这样安静地走过去，不会驻足张望，没有指指点点。

做完回向，将法本交还才旺师。长长地舒了一口气。自觉此行功德圆满，了无遗憾。

结束

司机把车就近停在路边，见我来，赶紧发动引擎。旺札措抱着仁增坐在前座。才旺师、索白和我挤在后排，一辆小车，满满当当地上路了。此时，天色湛蓝，白云如花，回程车辆，如脱缰的野马，你追我赶，奔驰在凹凸不平的山道上。

下至河谷，前方的汽车忽而排起了长龙。司机把车停靠在路边，下去询问情况。原来，五十米开外，一辆载货的大卡车陷入泥潭，拔不出来，只好横卧在路上，挡住了来往的车辆。山道上的汽车越积越多，不知何时才能通行。

有些汽车干脆掉头回去，有的小车则磨磨蹭蹭往前挤，有的司机跳下车在路边凑堆，喝茶聊天打牌，有的人则跑到事故现场指手画脚出主意。望着静止的车流，我忽然想起那个在餐厅门口偶遇的藏族女人，难道，她所说的“注意安全”，指的就是这件事？

才旺师告诉我，前面不远处，有一眼甘露泉，是著名的药泉水，能治胃病。要我和仁增跟他一起去喝泉水，于是，三人拿着瓶瓶罐罐往前走。途经陷车的地点，只见大卡车的前轮多半埋在泥里，仅凭一己之力，怕是脱不出泥潭。

继续往前，相向而来的车辆延绵不绝，车里坐的多是来玛卿转山的朝圣者。人们安静地等待着，丝毫感受不到焦躁或烦闷的气息。也罢，朝圣之路从来就不是平顺的大道通途，踏上此路的信众，想必早已有足够的心理准备。

右侧的山坡上，赫然出现一大片经幡。经幡下，一排厚重的哈达标记出泉眼的位置。泉眼上方，摆着一张指示牌和许多供品。甘露泉水，从一根引水管中潺潺流出，泉水冲刷的岩壁，被染成铁锈红色。据说，只要喝够七碗泉水，胃病即可痊愈。问题是，这“碗”

究竟是多大的碗？我用饮水袋接了半升水，心想，不过是喝水，有何为难——哪知，一口下肚，便实在不想喝第二口。泉水的味道太奇怪了，简直是无以名状的奇怪。我悄悄回头看了一眼仁增，小家伙也是皱着眉头叫苦连连。只有才旺师咕噜咕噜一口气喝完一瓶水。“你又没有胃病，喝这么多水干吗？”我不解地问。“没有病，也可以预防嘛！”他瞪了我一眼，继续喝第二瓶。

山风来袭，气温骤降，这时喝如此冰冷的水，只怕胃病没治好，便先引发腹泻。我拎着水袋左右为难，才旺师见状，便说：“装满水，拿回去慢慢喝！”如获大赦，我赶紧灌满水袋，往回走。

路上，遇见前来找仁增的索白。回到车里，旺札措正躺在座位上酣睡。不知过了多久，一辆卡车擦身而过，驶向事故现场，想必是去拖车的。轰隆声响惊醒了阿姐，她睁开眼，向四周望望，发现儿子和丈夫都不在身边，显出一丝慌张。我向她解释，他们在前面的甘露泉那里。阿姐立刻表示她也想去。我点点头，说：“好吧，你去找他们，我留下来看车。”此间，司机早已不知跑到哪里去了。

人潮向事发地涌去，呼朋引伴，如赶集般喧哗热闹。才旺师捷足先登，爬上山坡，坐在岩石上，居高临下地望着现场，他那身红色僧服，在人堆里格外醒目。仁增坐在他旁边，神情紧张，犹如观战。卡车拖着卡车，一次，两次，三次……终于把那辆拦路的大卡车拉出了泥潭。人群中，顿时爆发出兴高采烈的欢呼声。如退潮一般，围观者纷纷离开现场，奔走相告，跳上汽车，发动引擎，车载音响重新响起强劲的音乐，震荡深谷。

司机终于现身了，他钻进驾驶室，急促地按着喇叭，召唤我的同伴。才旺师和仁增敏捷地滑下山坡，随着人流往回奔。旺札措和索白裹着满身寒气，坐进小车。司机发动引擎。前方的车辆亦步亦趋，缓慢龟行。

路过事发地，穿过对面的车流，终于，又行驶在空旷的公路上。此时，落日归西，天光瞬间黯淡下来。身后的玛卿雪山，如谢场一般，被夕阳与暮色蒙上一层神秘的幕帘，再也望不真切了。山路崎岖不平，小车颠簸似摇篮，索白靠在我的肩上，沉沉地睡去。仁增依偎在旺札措的怀里，安静如一条小鱼。

“还有多久才能到大武？”我问才旺师。

“还有一段路，现在还在山里呢……”

我静静地望着窗外，眼前的景色，越来越模糊，越来越模糊……

“她睡着了……”一个声音说。

“让她睡吧……”另一个声音说。

再度睁眼，窗外的强光，闪烁不定。路灯、霓虹灯、车灯、日光灯、白炽灯纷至沓来，迷惑了黑夜，也迷惑着众生的视野。那一刻，我竟怀念起山中的星光，悠远而温柔，闪亮又不刺目，仿佛在默默地传递着来自另一个世界的讯息。

——我回来了，望着路边一家挨着一家的宾馆旅舍；我回来了，看着路上稀稀落落的行人和僵立的垃圾桶；我回来了，闻着餐馆里传出的油烟味和汽车喷出的尾气；我回来了，听着音像店里播放的各种靡靡之音或神曲……我回来了：那熟悉而又陌生的，亲切而又无奈的人间烟火。

转山之行，恍若隔世。

后记

坦率地说，如今，我也不太确定自己写下的这篇转山记究竟属于哪种类型：游记？民族志？小说？……或其他。

一年前，刚写完转山记时，我曾坚信自己完成了一篇“实验性的民族志作品”。因为，转山，对我而言，最初只是一项计划之内的田野考察：得知马年（2014 年）是绕转阿尼玛卿雪山的“大年”以后，我与才旺师沟通，希望能同行转山——没有当地人的帮助与引导，我是无法独自完成这项考察的。征得上师的同意后，才旺师答应了我的请求。那年 9 月，如约成行。对于行程，我们并无计划，实际也无需作何计划，路线是既定的，行进方式也是既定的，唯一不确定的是转山所需的时间。出发前，才旺师始终没有告诉我究竟需要多久才能转完阿尼玛卿雪山。

以转山为主题的田野考察，实际仅有六天。除了拍照与留心观察身边发生的一切之外，我的全部精力均用于行走——田野考察，已转变为“田野体验”。完成转山，回到红科寺后，我开始以所闻所见即所得的方式，详细记录下转山期间经历的一切。这似乎是一个略显任性的举动。寺院位于海拔 4500 多米的青藏高原，天寒地冻，空气稀薄，平常，走得略快便会气喘；这样的环境，能否支持高强度的脑力劳动？而事实证明，在寺院撰写转山记，是我最顺畅的一次写作体验。每天约有 4 个小时用于写作，每日平均完成三千多字，仅用 45 天就写完了这篇约 10 万字的转山记。实际上，我在高原的写作效率毫不逊于在北京的。至于文本的逻辑与文采，恐怕就只能由读者来判断了。写作期间，云庆青年知识院的师生们也许并不了解我在做什么，但大家都给予了各种支持与理解。有时，学生会把饭食送到我的小屋里，以节约我的用餐时间。倘若没有寺院僧人与知识院师生们的帮助，我是不可能完成转山并将之记录下来的。对此，无论用多少感激之语都难以表达我的感激之情。

完成转山记后，我将文本送给才旺师，请他帮我修订文中的不详或不实记录，尽管在写作时，记忆尚且鲜活，但也难免会有错失——尤其是才旺师自己的生平经历，需经本人首肯。而后，又送给寺院的才仁吉村堪布（即觉海师父），请他帮我审阅，看文中是否有对转山、朝圣经历的误读与曲解——这是异文化写作者经常会犯的错误：按照自己的文化背景想当然地理解并诠释其他文化的风俗习惯。在两位师父的帮助下，我相信，这份文本记录的内容是忠实于“地方性知识”的。其后，我请一位曾求学于内地高校的藏族朋友格藏才让通读此文，他的建议与反馈帮我进一步完善了文本。在此，特别感谢才仁吉村堪布、才旺师父和格藏才让老师的无私帮助与支持。

时隔一年，再做修订时，我发现有些经历和对话让人觉得过于琐碎，但最终，我还是抑制住了删减的冲动——如果体验本身就是平淡而和缓的，我又何必人为地制造些“戏剧冲突”呢？“编故事”

并不是我的初衷；然而，我必须承认，在“第五天”和“第六天”的文本中，我编入了几篇主题对话：从“人类学是什么”至“穿行于不同的世界”，以及“何时种下了种子，何时发芽”——这些对话并非凭空捏造，均取材于才旺师和我的日常交流。我希望能在文本里集中呈现这位师父的经历和彼此的互动，为此，我有必要将这些对谈融入转山的行程中。倘若不作此说明，这篇转山记或许能堂而皇之贴着“民族志”的标签呈现于世，但这种做法，终究会令自己内心难安。在此，我愿意向每位有缘阅读此文的朋友陈白：虽然，身为作者，我不知这份文本该归为何类——因为它的确经历过文学式的处理；但文中的每一个场景、每一段对话、每一份思考、每一种体验，均如阿尼玛卿雪山一般，真实不虚——就此而言，它从未违背过“民族志”的初衷。

无论如何，转山记一旦完成，并付诸出版，它便拥有了自己的命运，非作者所能评判或左右。

记得未出行时，才贝老师的专著《阿尼玛卿山神研究》已给我诸多启发。在写作之初，每完成一篇，我便会发给丈夫陈宁，以及好友赵向辉、廖冬、帅弘毅等人阅读，大家的热情反馈促使我完成全文。之后，老友汪若菡、杨栗、苗毅和周成，同学王晓慧和胡伟，同门陈乃华、冯娴、张帆、常海燕和孙静等人均帮我通读全文并予以诸多建议。若非家人、朋友、同学的关照，本书实难成型，在此深表感激。

在此，我应特别感谢两位导师：王铭铭教授和才让太教授。若非与两位导师的师徒之缘，我恐怕难以从事藏学人类学研究，更难以升起在藏地进行田野考察的信心与勇气。本书的缘起，始于两位导师的教导和指引，结于我无边无际的好奇心和无休无止的乐说欲。谢谢导师于百忙之中为这个不成器的学生所写下的序言——这是本书最大的亮点。

此外，我还想特别感谢为让这份书稿“成为”一本书而不懈努力、辛劳付出的各位朋友：不忘初心的出版人龚风光老师、李智初老师；可爱可亲的策划人张曼老师、葳蕤老师；相见如故的刘衎衎老师；敬业认真的郭晓斐老师；出色的设计师张今亮和王国鹏老师；以及，古道热肠的老同学孔祥翱和包容我各种任性要求的大伟。

最终，这份书稿落户于西藏藏文古籍出版社——是一个偶然，也是冥冥中的必然；仿佛在绕转一圈之后，又回到了藏地：它该在的地方，该有的位置。

感谢每一位有缘翻阅此书的朋友，谢谢你，愿与我共度这段无始无终的旅程……

2016 年 2 月 14 日
修订于 2019 年 2 月 28 日
北京 万象新天

补记

2017 年 10 月，自从才旺师父因一次意外绝尘而去之后，我便再没有看过这份书稿——直到，西藏藏文古籍出版社将之纳入出版计划。此间，发生了很多事。

除了为师父的往生而持咒诵经之外，我没有参加与师父后事相关的一切活动，也尽量避免在那期间与其弟子、家人的接触。我知道，自己的这种行为或许会让人感到困惑，甚至觉得无情。但我没有别的选择，当时只想以这种“拒绝”的方式，逃避关于师父生死的思考和焦虑，甚至想连忧伤和悲痛也一并隐藏。

然而，身体是不会撒谎的，它也不允许撒谎。师父走后，我开始病得越来越严重，最严重的时候，就连手指敲击键盘的气力也没有了。“哦……原来就是这样啊。”每日醒来，我望着自己无法动弹的双手，慢慢体会生命力的流逝，原来，就是这样啊。

时至今日，我依然拒绝对任何诀别表达忧伤，因为我曾经听到一个说法。据说，生者若对往生者的离开表现出过于忧伤，那么，后者是走不安稳的。而我并不想才旺师有任何惦念，轮回路上，也请不要回头。

——为此，我要忘记你。同时，也要以我的方式，纪念你。

当时，认识你的人都在哀悼你。我才意识到，原来，你有这么多弟子，似乎从来都不孤独；我所看到的，只是你呈现给我看的一个面向而已。于是，有那么一瞬，我忽而觉得恍惚：怀疑自己是否真的认识这位莲花寺的藏族和尚！于是，我把转山记的手稿寄给几位与你比较亲近的弟子，想请他们确认一下我的描述是否准确。然，看过手稿的人，都哭了。于是，我便更不想碰这份手稿了。

因缘际会，有位朋友帮我做了一次催眠。其实我并没有特别的问题想问，只觉得好奇。于是，潜意识指引到你。

“师父，你在哪里？——无论你在哪里，你还好吗？”

……

我终于问出了日日盘旋在心底的问题。

我终于哭了出来。

然后，一切都慢慢变好了。

我知道：这本书，是一份我执，确也是一份你我此生为人的标识。

2019年2月28日

北京 万象新天

谨以此书纪念莲花寺的藏族和尚 才旺仁增

图书在版编目（CIP）数据

无始无终 ： 转山 / 何贝莉著． -- 拉萨 : 西藏藏文古籍出版社， 2020.5

ISBN 978-7-5700-0410-2

Ⅰ．①无⋯ Ⅱ．①何⋯ Ⅲ．①藏族－民族志－果洛藏族自治州 Ⅳ．① K281.4

中国版本图书馆 CIP 数据核字（2020）第 061195 号

无始无终：转山

作　　者　何贝莉
责任编辑　郭晓斐
装帧设计　伊大伟
出　　版　西藏藏文古籍出版社（拉萨市色拉路 4 号 邮编：850000）
　　　　　第二编辑部（北京）：北京市东土城路 8 号林达大厦 A 座 13 层
　　　　　邮编：100013　电话：010-64466847　010-64462318
　　　　　打击盗版：0891-6649998　13908990085
印　　刷　北京盛通印刷股份有限公司
经　　销　全国新华书店
开　　本　32 开（850mm×1168mm）
印　　张　7
字　　数　170 千
印　　数　1—3000
版　　次　2020 年 5 月第 1 版
印　　次　2020 年 10 月第 1 次印刷
标准书号　ISBN 978-7-5700-0410-2
定　　价　48.00 元